중소도시의
산업 재구조화와
제도적 역량

: 춘천시의 첨단산업 육성전략과 계획과정

중소도시의

산업 재구조화와

제도적 역량

춘천시의 첨단산업 육성전략과 계획과정

김 동 완

책머리에

근자에 들어 혁신도시, 기업도시, 혁신클러스터, 지역혁신체계 등 혁신적 공간에 대한 정책들이 다수 추진되고 있다. 세계화 시대에 각급 지역 수준의 덕목이 되어 버린 경쟁력 담론과 함께 한국사회 최대의 난제로 꼽히는 균형발전의 희망이 정치적 의미를 획득하고 정책화한 것이 이러한 정책들이 아닐까 한다. 중앙정부는 물론 지방정부가 혈안(血眼)이 되어 있는 것도 그 연장선상에서 쉽게 이해할 수 있다. 하지만 정작 사업을 추진하는 지방정부는 물론, 그 지역사회의 성원들이 첨단의 기술을 지역시회 내생적 발전의 원동력을 삼는 것이 간단하지 않은 까닭은 무엇일까.

지역의 경제 발전에 대해 소위 "제도주의적" 접근을 하고 있는 여러 학자들은 넓은 의미에서 제도화가 내생적 발전에 필수적이라 지적한다. 나아가 전략적 계획이론, 제도주의 계획이론 분야에서는 정부 계획과정, 혹은 협치(協治, governance)가 지역사회의 제도적 역량(institutional capacity)을 강화하는 것을 게을리하지 않아야 한다고 본다. 조직, 조직 간 관계, 사회적(societal) 수준에서 드러나는 문화적 수준에 이르기까지 포괄적인 제도적 자산을 동태적(動態的)으로 이해하고 전략적 계획과정에서 그 자산을 확충해 갈 방도를 모색해야 한다는 주장이다. 이 대목에서 한국의 사정을 돌아본다면 수많은 도시 성장전략들이 취해야 할 덕목이 무엇인지 분명해진다. 10여 년이 되어 가는 지방자치제의 역사와 함께했던 숱한 혁신의 기치가 그 성과를 따져 볼 수 없을 정도로 사라져 갔던 이유를 곱씹어 볼 때가 된 것이다.

　이 책의 출판제의를 받고 다소 망설였던 이유는 5년이나 지나버린 논문의 내용에 대한 나 스스로의 신뢰였다. 글읽기와 글쓰기가 부족하게만 느껴지는 지금, 지난 문장들을 태연자약하며 대할 수 없는 탓이다. 앞서 언급한 문제제기들이 소중했던 그 순간, 진심어린 글을 썼던 기억이 있었기에 이 졸고(拙稿)에 주어진 기회를 외면하지 않기로 했다. 하지만 그 지난 시간 동안 새로운 변화의 국면을 좇아가지 못한 게으름과 더욱 진중한 고민에서 태어난 역작들에 대한 겸연쩍음은 피할 수 없을 듯하다. 아쉬움은 남지만 책에서 사례로 삼은 춘천시의 경험이 지금도 진행형인 지방중소도시 산업화에 훌륭한 귀감이 될 만하다는 생각은 여전하다. 그리고 제도적 역량이 '이식된' 산업에 생존 가능성을 높인다는 사실도 유효하다. 어느 지역이건 천문학적인 재원을 투자한다면 그 물질적 자산의 성과를 보지 못하겠는가. 중요한 것은 제한적인 자원과 제도적 제약하에서 최선의 결과를 얻는 것이 아니겠는가. '제도적 역량'이 정답은 아닐 수 있으나 여전히 유의미한 문제제기라 여겨지는 까닭도 여기에 있다. 학위논문을 그 근거로 삼는 탓에 이 책이 보여 주는 사례가 다양하지는 않지만 그만큼의 성과가 있다고 평가받는 지역이고 보면 시사하는 바가 작지는 않다.

　어느 글쓰기나 마찬가지겠지만 한 사람의 연구자가 온전히 완성시킨다는 것은 생각할 수 없다. 막상 책으로 출판한다고 생각하니 부족한 글에 소중한 조언을 해 주신 분들께 감사의 뜻을 전해야 하겠다. 보기에 좋지 않은 문장을 꼼꼼히 다듬어 주신 김형국 교수님과 논리의 비약이 있을 때마다 필요한 근거를 제시해 주신 이덕

복 박사님께 먼저 감사의 말씀을 전하고 싶다. 글쓰기에서 그 시작과 끝을 일관성 있게 진행한다는 것이 얼마나 치열한 작업인지 알려 주신 선생님들의 금석지언(金石之言)은 평생에 큰 자산으로 삼을 것이다. 또한 무작정 방문한 낯선 춘천 땅에서 많은 조언과 지원을 아끼지 않으신 최승업 박사님도 빠뜨릴 수 없는 분이다.

가장 감사드려야 할 분을 생각하면 가장 부끄러워지는 것은 아마도 나의 부족함이 큰 탓일 것이다. 이 글을 쓸 때는 물론이거니와 정년을 다하고 학교를 떠나신 지금도 학자로서 살아갈 자세를 알려 주시는 권태준 교수님께는 이루 말할 수 없이 감사할 따름이다. 강의실에서, 토론장에서, 술자리에서, 글쓰기에서 닮아가야 할 사람이 되어 주신 선생님은 아마도 가장 소중한 인연 중 한 분이 아닐까 한다.

다음으로 삶의 가장 밑바닥부터 함께하고 있는 내 가족들에게 감사의 마음을 전하는 것으로 갈음해야겠다. 평생 공부하는 사람으로 살겠다는 사람을 진심으로 감싸 안아 주었던 내 아내와 이제 막 태어나 고군분투하고 있는 아들, 이 세 식구를 온전히 사랑으로 받아주시는 양가 부모님들께 당신들의 존재자체만으로도 신께 감사한다는 말을 전하고 싶다.

또한 졸고(拙稿)를 세상에 선보일 기회를 주신 한국학술정보(주) 채종준 사장님과 박주선 선생님을 비롯한 임직원 모두에게 감사의 뜻을 전한다. 끝으로 이 글에 여러 가지 실무적 도움을 준 황은정 동학(同學)께도 감사의 인사를 전한다.

2007. 12.
관악산 자락에서
김동완

목 차

제1장
서 론

제1절 연구의 배경 및 목적

민선 지방자치단체장이 선출된 이후 각급 지방자치단체는 저마다의 발전전략을 수립하는 데에 골몰했다. 본래 지방자치제라는 것이 정치적 분권화라는 명분하에 현실화된 것이나 경제 발전이라는 전략이 덧씌워져 지방단체가 져야 할 짐이 배가(倍加)됨은 당연한 일이었다. 마침 국가산업정책의 일대 변화가 일어나는데 그 내용은 첨단산업, 지식산업을 육성하자는 것이다. 이러한 국가산업정책이 공간적으로 진행되는 양상을 보자면, 소위 '지역특화산업'이라는 개념을 도입하여 지방정부와 지역사회에 주도권을 이양한다는 것이다. 하지만 국가차원에서 특정산업을 지정하는 방식에는 변화가 없었던바, 소여(所與)된 육성자금을 유치하기 위한 지방정부 간 경쟁이 본격화되는 계기가 되었다.

변화의 파장에서 중소도시라고 예외일 수는 없었다. 특히 과거 30여 년 국가 경제 성장과정에서 산업화를 경험하지 못한 중소도시의 경우, 전술(前述)한 환경변화는 기회의 시간이었음에 분명하다. 지방정부는 물론 지역사회의 여러 주체들이 유치경쟁에서 승리하기 위해 각고의 노력을 기울인 바도 사실이다. 하지만 그 성과에 있어 모든 지역이 한결같이 성공적일 수는 없었다. 어떤 지역에서는 기반시설에 대한 대규모 투자에도 불구하고 기업유치실적이 부진한 반면에 그렇지 않은 지역도 나타났다. 모든 전략이 성공으로 귀결될 수 없음은 자명하지만 비슷한 초기조건[1])에 유사한 산업이 이식된 것을 생각한다면 성패의 조건을 숙고할 필요가 있다. 분명한 것은 중소도시의 경우 물리적 기반이 지역의 경제적 성과를 경정한다고 보기에 무리가 있다는 사실이다. 실제로 90년대 이후 과학산업단지, 첨단산업단지 등의 명목으로 여러 지방중소도시에 기반시설이 구축되어 왔으나, 그 결과가 차별적이었다는 것을 주목해야 한다. 게다가 신산업화 전략이라는 것이 익숙하지 않은 이질적인 사업을 도입하는 것이라면 외부에서 투하된 기반시설로 성패를 가늠하는 것은 무리이다.

각 지역의 산업화 정책에서 외양상 차이가 두드러지지 않는다면, 지역마다 다른 결과가 나타나는 원인은 무엇인가? 본 연구에서는 대동소이한 정책들의 이면에 자리한 것에 주목한다. 그리고 그 '이면에 자리한 것'을 소위 '제도적 역량(institutional capacity)'이라는 개념으로 이해할 것이다.

---

1) 한국지방행정연구원(1997)은 전국의 도시에 대해 '성장력'을 평가하고 있다. 이 보고서에서는 사회 문화기반, 경제적 기반, 물리적 기반, 행·재정적 기반의 4개 부문에 걸쳐 도시별 점수를 부여하고 이에 가중치를 부여하여 종합지수를 산출하고 있다. 그중 경제적 기반과 물리적 기반에 대한 평가에 주목할 필요가 있다. 산업화 경험에 따라 가장 큰 격차가 발생하리라 예상되는 지점이기 때문이다. 결과를 인용하자면 경제기반부문은 서울이 단연 부각되고 있으며 전통의 산업도시들이라 할 수 있는 창원, 울산, 마산, 구미, 여천, 광양, 포항 등이 높은 수준을 보이고 있다. 물리적 기반부문에서 역시 서울을 비롯한 전통 산업도시 광양, 창원, 울산, 마산, 수원, 성남, 부천, 안산, 과천 등의 도시들이 높은 점수를 얻고 있다. 종합적으로는 대도시군과 소도시군, 수도권과 지방도시, 산업도시와 중소행정도시 사이에 상호 대조적인 특징을 보이고 있다. 지방중소도시의 경우 사회 문화시반에서 높은 점수를 얻고 있으나 경제적 기반과 물리적 기반에서 중위권 혹은 하위권을 형성하고 있다. 이와 유사한 연구로는 윤재윤·조판기(1996)가 있다.

새로운 산업을 도입하는 경우 기업과 지역사회가 유기적으로 상호관계를 맺기 힘들다. 그 관계를 만들어 나가기 위해서는 해당 산업에 필요한 전문적 지식은 물론, 이를 지역사회에서 조직하는 노하우도 필요하다. 이러한 지식들에는 코드화하여 저장할 수 있는 것도 있지만, 그렇지 못한 것도 있다. 따라서 지속적인 산업화 과정에서 발생하는 다양한 지식을 지역의 자산으로 삼을 수 있는 기제와 역량이 필요한데, 그것이 제도2)와 제도가 구성하는 제도적 역량이다.

지역산업화 전략에서 제도적 역량은 산업화에 필요한 형식적·암묵적 지식을 조직하여, 안정적인 관계로 구축하는 지역사회의 질적 특성이다. 그 질은 다음의 세 가지 차원으로 구성된다고 본다. 첫 번째 차원은 산업화에 필요한 지식과 정보에 관한 것이다. 어떤 산업이건 간에 원활한 기업 운영을 위해서는 전문적 지식과 고도의 숙련이 필요하기 마련이다. 또한 지역의 산업화를 추진하는 입장에서는 기업의 유치를 위한 다양한 노하우가 절실하다. 이를 지

---

2) 제도(制度, institution)라는 말 자체가 가지는 일상적 의미는 '제정된 법규', '나라의 법칙', '마련된 법도'(엣센스 국어사전) 정도이다. 하지만 사회과학에서의 분석대상으로서 제도는 여러 가지 수준에서 다양한 차원을 가지고 있다. 특히 구조라는 거시수준과 개인이라는 미시수준 사이의 중간수준(meso-level)을 주 연구대상으로 삼아온 제도주의 연구의 전통에서는 그 쓰임새가 남다르다. 역사 제도주의자인 홀(Hall, P. A., 1992)은 제도를 다룸에 있어 자본주의 경제체제나 자유민주주의 정치체제와 같은 포괄적 수준의 요소와 노동조합, 자본시장, 정치제도 국가구조 등과 같이 국가와 사회를 구성하는 기본 조직단위와 조직 내의 표준운영절차, 일상업무절차, 규제 등과 같은 내용을 모두 다루고 있다. 국가산업정책이라는 것도 이러한 제도 범주에 포함시킬 수 있게 된다. 하지만 제도주의 전통에서도 경제학, 정치학, 사회학 등 각 학문분야에서 접근하는 차원이 다르고 그 분석대상으로 삼는 제도의 실체가 다르다. 제도와 관계된 개념들은 본 연구에서 주요하게 사용할 것이므로 이후 이론 연구에서 상술하도록 하겠다.

역 내 지식자원이라 하는데, 제도적 역량의 첫 번째 차원은 지식자원으로 구성된다. 두 번째 차원은 전략 추진의 주체가 지역의 지식자원을 동원할 수 있는 역량에 관한 것이다. 아무리 잠재적인 지식자원이 풍부하더라도 실제 전략 수행과정에서 발현되지 않는다면, 그것은 계속 잠재적인 것일 뿐이다. 따라서 지역 내에 잠재되어 있는 지식자원을 전략 추진의 과정으로 끌어들일 수 있는 역량이 중요한 변수인데, 이를 두 번째 차원으로 삼는다. 마지막 차원은 동원된 지식자원과 전략 추진 주체가 맺는 공식적·비공식적 관계에 관한 것이다. 단서가 있다면 그 관계가 지속적이어야 한다는 것이다. 지속적인 관계는 네트워크의 형태로 구체화되는데, 이 네트워크는 다시 위의 두 차원에 영향을 주게 된다.

각 차원들 간의 상호작용은 지역의 제도적 역량을 형성해 가는 동태적 특성을 낳는다. 그리고 그 형성과정은, 지역사회기 새로운 사업의 도입으로 인한 충격들을 변형·흡수하는 메커니즘을 만들어 나간다. 지역에 입주한 기업체에 각종 편의만을 제공하여 머무르게 하는지 아니면 그 기업을 지역의 체계로 포섭해 가는지는 제도적 역량의 형성과정에 따라 달라질 수 있다.

하지만 국내 지역별 산업화 과정을 제도적 역량의 측면에서 분석한 연구는 그리 많지 않다. 근래에 이르러 지역혁신체계(regional innovation system)나 지역경쟁력에 관한 연구가 이루어진 바 있지만, 지방정부를 축으로 하는 산업화 전략을 제도적 역량의 측면에서 분석한 것은 찾아보기 힘들다.[3] 자연히 제도적 역량을 분석할

---

[3] 물론 제도적 역량에 관한 연구로는 합의회의를 사례로 분석한 김두환(2003)에 있고 지역경제의 위기에 대응하는 지방의 거버넌스(governance)에 관한 연구로는 정병순(2000)이 대표적이다. 그 이전에도 - 일일이 거론하기는 힘들지만 - 기업가주의 지방정부나 민관합동에 관한 여러 사례 연구가 있기는 하다. 하지만 김두환(2000)의 경우 합의회의라는 비교적

개념 틀이 마련되어 있지 않고, 국내 중소도시에서 형성되는 제도적 역량의 특성을 짐작하기 어려운 실정이다.

제도적 역량이 다양한 수준의 제도로 구성되는 것이라면, 그리고 제도라는 것이 지연(地緣)적인 것이라면, 이 개념이 실체로 삼는 바는 지역마다 국가마다 다를 수밖에 없다. 따라서 다양한 사례 분석의 성과가 쌓일 때, 한국 지역사회의 제도적 역량에 관한 의미 있는 논의가 가능할 것이다. 과연 한국의 지역 수준에서 형성되는 제도적 역량의 내용이 무엇이고, 어떠한 변화의 패턴을 가지는지가 가려질 것이다. 그리고 이는 향후 지방주도의 내생적 지역발전전략으로 이행하는 데 중요한 정책적 지표로 삼을 수 있을 것이다.

제2절 연구의 범위

본 연구의 목적은 중소도시 신산업화 전략에서 제도적 역량이 형성되는 과정을 밝히고 그 역할을 살피는 것이다. 즉, 지역의 영토적 자산이 정태적인 것이 아니라 일련의 계획과정을 거치며 변화·향상될 수 있음을, 그리고 지역의 산업화 과정과 호순환의 관계를 가질 수 있음을 사례지역을 대상으로 밝히고자 함이다. 이러한 목적을 달성하기 위하여 본 연구에서 제기하는 주요 질문은 다음과 같다.

소규모의 이상적 상황에 관한 연구였고, 정병순(2000)은 각종 지방행위자들의 거버넌스 체제 형성에 주목하고 있는 형편이다.

〈표-1〉 연구의 주요 질문 도출

1단계	2단계	3단계
제도적 역량	▶ 형성과정	▷ 제도적 역량의 형성과정을 가시화할 수 있는 관찰 대상은 무엇인가? ▷ 제도적 역량 형성의 패턴은 어떠한가?
	▶ 역할	▷ 지역사회 기술궤적상에 어떤 변화를 발생시켰는가? ▷ 일련의 계획과정에서 역할한 바는 무엇인가?

연구의 주요 질문은 <표-1>의 3단계에서 제시한 네 가지로 요약할 수 있다. 이들 각각을 살펴보면 다음과 같다.

첫째, 제도적 역량의 형성과정을 가시화할 수 있는 관찰대상은 제도적 역량의 세 차원에 관한 면밀한 개념 분석에서 연역할 수 있다. 즉, 지식자원과 관계자원, 그리고 동원역량 3자 간의 관계를 밝힘으로써 관계자원을 통한 제도적 역량 형성과정을 논증해 내는 것이다.

둘째, 제도적 역량이 형성되는 패턴은 위해서 설정한 연구대상을 실제 사례에 적용하여 파악할 수 있다. 본 연구에서는 계획과정을 중심으로 한 네트워크의 변화를 그 대상으로 삼고 있다. 신산업화 전략을 위한 계획과정에서 네트워크의 양적·질적 변화를 살핌으로써 제도적 역량 형성의 패턴을 도출할 것이다.

셋째, 제도적 역량은 기존의 기술궤적에 새로운 산업을 접합하는 데에 중요한 역할을 한다. 본 연구에서는 사례지역이 기존에 그려 온 기술궤적을 검토하여 그 특성을 규명하겠다. 이를 통해 신산업화 전략의 시작에서 현재에 이르기까지 제도적 역량이 기술궤적에 미친 영향을 평가할 근거를 마련할 것이다.

넷째, 구체적인 계획과정상의 네트워크 변화를 살펴봄으로써 일
  련의 연속적 계획과정에서 제도적 역량이 기여하는 바를
  고찰한다. 2장에서 네트워크 분석의 의미를 살펴보겠지만
  계획과정을 거치며 향상된 동원역량은 다음 계획과정에서
  다시 관계자원으로 구축된다. 요컨대 앞의 기술궤적에 미친
  영향에 비해서는 상대적으로 미시적인 역할을 보려 함이다.

이 같은 분석을 위해서는 제도적 역량이 의미하는 바를 제도적
수준에 따라 밝혀내는 과정이 전제되어야 한다. 2장에서는 지역산
업화 과정에서 제도적 역량이 가지는 의의와 역할을 조망하고 제
도적 역량의 형성 가능성을 검토하였다. 구체적으로는 지역 재구
조화 전략에 관한 연구에서 혁신과 관련하여 다루어지는 제도를
개괄하고 그 수준과 접근방식을 밝혀내고 있다.
  이상의 논의를 요약하여 본 연구의 범위를 제시하면 다음과 같다.
  첫째, 지역의 산업화 과정, 특히 기술의 혁신과정에서 제도적 역
  량이 의미하는 바를 정리하고 이를 분석하기 위한 개념
  틀을 구성, 제시하는 것이다.
  둘째, 실제 분석을 통해 사례지역에서 형성되는 제도적 역량의
  내용이 무엇인지를 분석하고, 신산업화 전략의 수립과 집
  행에서 어떠한 역할을 하고 있는지 알아볼 것이다.
  셋째, 사례에서 나타나는 제도적 역량의 형성패턴을 정리하여 향
  후 지역산업화 전략의 전략적 시사점을 제공하는 것이다.

제3절 연구의 방법

연구 범위의 3단계 접근에서 보았듯이 본 논문은 단일사례 하위
단위 연구(single case embedded research)4)를 연구방법으로 삼는다.
이는 사례 연구가 사람, 사건, 조직과정 등을 실제 상황에서 연구하
는 것으로(Lofland, 1971) 예비지식이 거의 없는 경우 향후 설명적
연구를 위한 단서를 발견하는 데에 유용하므로(김렬, 1999: 107) 본
연구의 방법으로 손색이 없다. 그리고 Yin(1894)이 분류하고 있는
사례 연구의 종류 중에서 하위단위 접근(embedded approach)을 취
하는데, 이는 이론적 명제에 기초하여 특정한 사례를 체계적으로
규명해 나가기에 유리한 방법이기 때문이다. 하위단위로 접근하는
방식은 <표-1>에서 기술하고 있다.

실제 사례지역은 '중소도시'와 '신산업화 전략' 모두에 적합한
지역을 선택한다. 본 연구에서 주목하는 중소도시란 인구 5만 이
상의 지역으로 광역시 규모이상의 도시는 제외한다. 인구규모 면
에서 이러한 조건을 충족하는 도시지역은 대단히 많다. 또한 인구
를 그 기준으로 삼았기 때문에 중소도시라는 규정만으로는 선택과
정에 대한 논리적 일관성을 유지하기 힘들다. 따라서 본 연구에서

---

4) Yin(1894, pp.41~53)은 사례와 분석단위를 엄격히 구분하여, 사례는 설명
   단위이며 분석단위는 자료의 수집과 분석이 이루어지는 단위로 정의하고
   있다. 전체적 접근법은 설명단위인 사례와 자료의 수집·분석단위인 분석
   단위가 일치하는 경우이며, 하위단위 접근법은 설명단위인 사례와 분석단
   위가 일치하지 않는 경우이다. 또한 사례는 사례의 수와 함께 이러한 분
   석단위의 선택에 따라 사례 연구 설계의 4가지 유형을 나누고 있다. 단일
   사례 전체설계(single case holistic design). 단일사례 하위단위 설계(single
   case embedded design), 복수사례 전체설계(multiple case holistic design),
   복수사례 하위단위 설계(multiple case embedded design)가 그것이다.

는 중소도시라는 인구규모상 정의에 보태어 신산업화 전략이라는
산업전략의 채택여부를 중요한 변수로 삼겠다. 요컨대 규모는 광
역시를 제외한 시급도시여야 하고 지방정부차원의 신산업화 전략
이 수립·진행되는 곳이어야 한다. 본 연구에서는 이러한 기준을
충실히 만족하는 춘천지역을 사례로 선정하였다. 특히 춘천지역의
신산업화 전략이 우수사례로 손꼽히고 있고[5] 그 전략을 벤치마킹
(benchmarking)하고 있는 지방자치단체가 많아 사례 연구를 통해
정책적 함의를 도출하기에 유리한 이점이 있다.

따라서 본 연구의 분석대상은 춘천시가 1995년부터 추진하고 있
는 멀티미디어산업·생물산업 육성전략과 그를 둘러싼 계획과정의
관계자원구조라 할 수 있다. 여기서 일련의 계획과정을 주요 계획
단계에 따라 시계열적으로 분석하였다. 다만 한 가지 염두에 두어
야 할 것은 본 연구가 단일사례 분석인 만큼 그 일반화에 한계가
있다는 점이다. 즉, 이미 정립된 혁신과 제도에 관한 이론적 명제

---

5) 춘천지역에 대한 대외적인 평가를 정리해 보면 다음과 같다.
   ▶95년: 문화도시 선정(문화체육부), 도시경영우수자치단체(한국능률협회)
   ▶96년: 전국경영수익사업 우수 자치단체수상(내무부), 만화도시지정(문
              화체육부), 문화복지지수 1위 (한국문화정책개발원)
   ▶97년: 최우수 자치단체선정(서울대, 동아일보, 한국경제연구원), 경영
              사업성과 전국최우수(내무부, 지방자치경영협회), 가장살기좋은
              도시 선정(조선일보, 현대경제사회연구원)
   ▶98년: 소프트웨어 진흥구역 지정(정보통신부), 생물산업시범도시 선
              정(산업자원부), 정보화최우수도시(정보문화센터)
   ▶99년: 전자상거래 창업보육센터 지정(중소기업청), 애니메이션 특화
              전자도서관 지정(문화광광부), 문화기반시설 최우수도시 선정
              (문화관광부)
   ▶2000년: 하이테크벤처타운 벤처기업집적시설지정(강원도), 디지털 스튜
              디오고용촉진훈련기관지정(노동부), 특허정보지원센터지정(특허
              청), 전자화폐시범도시지정(금융결제원), 춘천 ECRC 지원센터
              설립(산업자원부)

들에 기초하여 사례지역을 보다 체계적으로 규명하는 것으로, 연구방법상의 제약을 두겠다.[6]

본 연구에서는 춘천지역 관계자원을 분석하기 위한 방법으로 문헌연구, 면접조사를 병행하였다. 멀티미디어산업이 추진되기 시작한 1995년부터 현재까지 멀티미디어산업과 생산물 육성에 관계된 공식적·비공식적 계획안에 대한 텍스트 분석을 통해 계획행위에 참여한 행위자를 가려내고 주요 정보 출처를 조사한다.

면접조사의 경우 반구조화된(semiconstructed) 면접[7]을 수행하였다. 면접조사는 문헌연구를 통해 분석한 관계자원의 구조를 보완하고 실제 계획주체들이 계획과정에 참여한 행위자들에 대해 취하는 태도를 알아볼 수 있다. 면접조사의 대상은 실제 계획주체라 할 수 있는 담당공무원과 시장, 강원발전연구원의 연구원, 기타 참여 교수들을 대상으로 한다. 특히 담당공무원의 경우 춘천시 지식문화산업국 산하 공무원을 대상으로 하였다.

---

6) Lijphart(1971)에 따르면 사례 분석에는 여섯 가지 종류가 있는데 본 연구는 그중 해석적 사례 분석(interpretative case studies)에 해당한다. 해석적 사례 연구는 일반이론의 정립보다는 사례자체에 대한 관심을 충족시키기 위해서 채택된다. 하지만 단순사례 연구와 달리 이미 정립된 이론적 명제들에 기초하여 진행하게 되므로 보다 체계적인 규명이 가능해진다.

7) '반구조화된 면접'은 연구자가 기존 자료의 내용을 확인하고 보다 깊이 있는 질문으로 발전시켜 나가기 위해 사용하는데, 비교적 여러 명의 제보자로부터 정보를 확인하거나 비교할 필요가 있을 때 주로 사용하게 된다. '비구조화된 면접'은 연구자가 한 현상에 관하여 적절한 질문을 확보하지 못한 경우, 혹은 어떤 현상에 대해 탐색적인 태도를 취할 경우에 유용하다. 마지막으로 '구조화된 면접'은 취득한 정보를 확인하기 위해 제한적으로 사용하며 주로 자료수집이 종료되는 단계에서 진행하게 된다.(최영신, 1999: 10~11). 본 연구에서 반구조화된 면접법을 택한 것은 구조화된(structured) 면접이나 비구조화된(unstructured) 면접과는 달리 면접자와 피면접자 간의 토의의 자유로움이 보장되면서도 면접 지침에 따른 제약이 분명하기 때문이다(문홍빈,2000: 137).

문헌조사와 면접을 통한 연구내용을 정리하면 <표-2>와 같다.

<표-2> 문헌조사와 면접의 내용

연구방법	연구내용	연구대상
문헌조사	▶ 결절의 증가, 결절을 중심으로 한 네트워크의 형성, 결절의 능동적 역할 재설정에 관한 사실 확인	춘천시의 각종 계획안, 지역신문, 인터넷자료, 토론회 및 간담회 자료, 기타보고서 등
반구조화된 면접	▶ 문헌조사로 드러나지 않는 사실: 상호작용과 신뢰도	춘천시 지식문화산업국 산하 공무원 강원발전연구원 연구원 강원대 "교수 추진단" 밴처생물연구회 출신 교수그룹

제2장

지역 신산업화 전략에서
제도적 역량 분석을 위한 이론 연구

본 장에서는 지역의 신산업화 전략에서 관계자원에 초점을 두는 이론적 근거를 마련하고 분석의 틀을 제시하고자 한다. 전통적 지역 개발전략과는 달리 지역의 제도적 역량에 주목하는 이유를 혁신논의에서 찾고 계획과정에서 그것이 가지는 역할과 형성의 과정을 이론적으로 조망할 것이다. 여기서는 제도적 역량, 혹은 사회적 자본[1]에 대한 사회 결정론적 입장을 피하고 계획과정을 통한 개

---

1) 본격적인 '사회적 자본' 주창자들이 제시하는 정의는 크게 세 가지로 나누어 볼 수 있는데 그중 가장 익숙한 것이 푸트남(Putnam, 1993)의 것이다. 푸트남의 정의는 가장 협소한 정의에 속하는데 일련의 공동체에서 사회적 생산성에 영향을 주는 수평적 결사체(association)'로 사회적 자본을 정의하고 있다. 이러한 결사체는 시민 참여와 사회적 규범을 포함한다. 여기서 사회적 자본은 결사체 구성원의 상호이익을 위해 조정과 협력을 촉진하는 역할을 한다. 두 번째로 Coleman(1988)은 수평적 결사체는 물론 수직적 위계(hierarchy)를 포함하고 기업과 같은 다른 행위자들도 포함시키고 있다. 그는 "어떤 행위를 촉진하는 데 있어 주어진 사회적 자본의 형태는 다른 사람들에게 쓸모없거나 해로울 수 있다"고 말한다(같은 글: 598). 사실 이러한 사회적 자본의 개념은 사회적 구조와 개인의 행위를 규율하는 규범의 총체를 포함한다. 세 번째 관점은 규범의 발달과 사회구조의 형성에 기여하는 정치적 환경을 포함시킨다. 수평적 결사체와 수직적 위계는 물론 공식적인 제도, 정부, 정권, 법적 지배, 시민의 정치적 자유까지를 대상으로 한다. 요컨대 '사회적 자본'은 좁게는 사회적 수준에서의 제도에서 넓게는 사회적 수준, 조식체계수준, 조직적 수준까지를 포함하는 것이라 볼 수 있다. 본 논문에서는 이 중 가장 협소하게 정의되어 있는 푸트남의 것을 따르도록 하겠다. 나머지 두 가지 정의에서는 사회적 자본에 정부나 공식적 제도까지를 포함하고 있어 범위로 설정하는 제도적 수준이 모호하기 때문이다.

입의 여지를 열어두고 있음을 분명히 한다. 즉, 지역사회에 소여된 저량으로 이해되는 정태적 분석을 지양하고, 계획과정이라는 의도적 개입과정이 그 양과 질을 변화시킨다는 전제이다. 이는 제도적 역량의 한 축을 차지하는 관계자원의 형성에 이론적 근거를 마련할 것이다.

제도, 혹은 제도적 역량의 개념이 다소 혼란스러움을 미리 지적해 두려 한다. 여러 학문 분과에서 사용하고 있는 개념이 상이함은 물론 지역의 경제 성장에 국한시켜 볼 때에도 그 내용이 매우 다양하다. 실제 계획과정에서 관계자원을 무엇으로 볼 것이며 어떤 측면을 강조할 것인가는 제도를 정의하는 방식에 따라 달라질 수 있다. 따라서 본 연구에서 설정하는 제도의 수준과 접근방식을 분명히 하는 과정은 필수적이다.

중소도시 신산업화 전략에서 관계자원의 형성과 그 역할에 관하여 살펴보기 위해 본 장에서 다루는 구체적인 내용은 다음과 같다.

첫째, 지역 재구조화 전략에 관한 연구에서 혁신과 관련하여 다루어지는 제도를 개괄하고 그 수준과 접근방식을 밝힌다.

둘째, 산업화와 경제 성장의 자원으로서 제도적 역량의 형성 가능성을 규명하고 계획과정에서 관계자원과 가지는 관계를 밝힌다.

셋째, 관계자원의 구체로서 네트워크를 조명하고 네트워크를 통한 관계자원 분석의 틀을 제시한다.

제1절 주요 개념 정의

1. 중소도시

중소도시란 일상적으로 대도시라기에는 모자라고 소도읍보다는 규모가 더 큰 도시를 이르는 말이다. 비슷한 용어가 혼용되기도 하는데 중간도시, 지방도시 등이 그것이다. 그도 그럴 것이 학자들 간에도 합의된 바가 없고 각자의 학문적 목적에 따라 조작적으로 정의하고 있는 형편이다(정지성, 1993). 그나마 일반적인 기준으로 사용하고 있는 것이 인구규모인데 국내에서 중소도시를 정의하는 규모를 정리해 보면 다음과 같다.

〈표-3〉 인구규모에 의한 주요도시 정의

학 자	인구규모 (명)
김기옥, 이기석	5만~20만
김안제, 이규환, 이양재	5만~50만
김원, 이상복, 김인, 국토개발연구원(現 국토연구원)	5만~100만 (100만 이상의 도시를 제외한 시급도시)

자료: 정지성, 1993: 83~88.

하지만 표에서 인구 5만 이상의 도시라는 도시 인구규모의 하한선 이외에 별 다른 공통적 조건을 발견할 수 없다. 게다가 인구 5만 이상이라는 기준으로는 농촌 소도읍과 지역의 중심도시를 구분하기 힘들고, 수도권이나 영남권의 공업화된 도시와 그렇지 않은 도시들 간의 구분이 어려워진다. 후자의 경우 이후에 언급할 산업화 전략에 따라 나누어 볼 수 있으나 전자의 경우 '5만 이상'이라

는 하한선만으로는 모호해질 수 있다. 이를 엄격히 구분하기 위해
서는 도시의 인구규모, 산업구조, 도시계층상의 위치, 도시의 중심
성 등을 기준으로 삼아 한국의 도시들을 종합적으로 사고하여야
한다. 그러나 이를 구체적으로 논하는 것은 본 연구의 범위를 벗
어나는 바, 다소 조작적으로 정의하여 규정하고자 한다.

중소도시를 개념화하기 위해 '최소한계규모도시'(minimum threshold
size for a city) 개념을 적용하려 한다. 최소한계규모는 중심지 이
론에서 발전시킨 것으로 도시의 성장률이 최소한 어느 수준을 넘
어서게 되면 스스로의 추진력을 얻어 성장할 수 있을 뿐 아니라
그러한 도시의 인구규모 정도가 되면 타 도시에 의존하지 않고도
중요한 모든 서비스기능을 제공할 수 있는 규모를 가리킨다(김형
국, 1983: 109). 최소한계규모도시의 연구결과를 종합하여 보면 인
구 20만에서 25만의 수준이 광범위한 각종 서비스기능을 세공할
수 있는 최소한계규모도시라 밝히고 있다.[2]

본 연구에서는 최소한계규모 개념을 적용하여 인구규모 20만 이
상의 도시 중 인구 100만 이상의 대도시를 제외한 도시들을 인구
규모상 중소도시로 정의하겠다. 여기에 수도권과 영남권의 전통적
공업도시들보다는 그 외의 지방도시를 염두에 둔다는 암묵적 제약
을 덧붙일 수 있을 것이다.

2. 신산업화(産業化) 전략

신산업화 전략이란 범지구적 경제구조화에 따른 지역 수준 통치

---

2) 이와 관련한 논의로는 Thompson(1965), Clark(1945), Neutze(1965), Alonso
(1970) 등을 참조할 것.

28

체제(governance)의 반응양식 중 하나이다. 이러한 반응양식을 경제 재구조화에 대응하는 통치체제 재구조화 전략이라 하는데,[3] 여기서는 신산업화 전략을 포함한 세 가지 대응 방식이 존재한다. 각각을 간략히 살펴보면 다음과 같다.

1) 재조직화 전략

재조직화 전략은 제3이태리와 같은 신산업지구에서 뚜렷이 나타나는 전략이다. 이 전략의 핵심적 목표는 자원의 흐름을 효율화하고 시장환경의 변화에 기민하게 대처할 수 있는 조직의 변화에 있다. 재조직화 전략에서 두드러진 특징으로는 하나의 산업부문에서 일어나는 생산자 간 협력방식의 변화에 있다. 그 변화의 방식은 산업지구별로 다소 차이가 있으나 소규모 기업의 생산네트워크에서 선도적 대기업을 중심으로 한 수직적 통합까지를 포함하는 것으로 알려져 있다.

2) 재산업화 전략

재산업화 전략은 생산의 가치망을 따라 부가가치가 높은 단계로 이전해 가는 것을 의미한다. 이를테면 섬유산업은 원사, 직물로부터 최종적인 의류에 이르기까지 많은 생산단계의 결합을 통해 이루어진다. 이 경우 지역의 생산단계를 원사에서 의류로 바꾸어 가는 것을 재산업화 전략이라 할 수 있다.

---

3) 범지구적 수준과 지역적 수준에서 일어나는 경제의 재구조화와 이로 인해 발생하는 위기 상황에 대처하는 통치체제의 재구조화 전략에 관해서는 각각 강현수(1995: 14~20), 정병순(2000: 102~112)을 참조할 것.

3) 신산업화 전략

재조직화 전략이나 재산업화 전략이 기존의 산업부문을 활성화하거나 고부가가치의 생산단계로 이전하기 위한 것이라면 신산업화 전략은 아예 새로운 것을 이식·육성하는 것과 같다. 따라서 지역이 지녀 온 기왕의 산업과는 전혀 다른 산업부문을 도입·육성하는 전략이라 할 수 있다. 통상 신산업화 전략은 첨단산업의 도입을 의미하지만 일반적으로는 지식기반산업, 문화산업, 새로운 형태의 소매업, 관광산업, 건강산업 등의 도입을 포함한다(정병순, 2000: 111: 박삼옥, 1999: 245).

3. 계획과정

본래 전통적 계획이론에서 계획과정이란 주어진 목적을 달성하기 위해 예측적 지식을 사용하여 계획(안)을 작성하는 일련의 의사결정과정을 뜻한다. 이는 프리드만(Friedmann, 1987)의 계획모델 분류상 '정책분석으로서 계획'에 해당하는 것으로, 개인 선호를 취합하는 자유주의적 민주주의 정치과정에서 도출되는 목적 달성의 수단을 선택하는 과정이다. 하지만 이는 지방정부의 계획과정을 통한 제도적 역량 형성을 포착하기에는 부적합하므로 이에 대신하여 '사회적 학습과정'으로서 계획모델을 채택하겠다.[4]

'사회적 학습과정' 모델에서 계획과정은 계획결과의 오류를 수정하는 환류(feedback) 시스템과는 다소 차이가 있다. 이러한 계획

---

[4] 이러한 설정은 본 연구와 유사한 다른 연구에서도 확인할 수 있다. 주로 제도주의 계획이론가들이 그러한데 Healey(1997), Amdam(2000), Skogseid & Jansen(2000), Ghiara & Cristoforetti(2001) 등이 그 예이다.

과정을 소위 협력적 계획과정(collaborative planning process)[5])이라
할 수 있는데 협력적 계획과정은 끊임없이 변화하는 사회 환경에
적응하고 학습하는 과정으로 특징지어진다. 여기서는 계획의 시작
에서부터 협력이 가능해질 수 있는 사회적 학습과정을 만들어 내
어 제도적 역량을 향상시키는 것이, 곧 계획의 목표가 된다. 따라
서 공통의 의제가 무엇인지 규명하고 필요한 지식을 동원하여 문
제 해결의 방안을 찾아내는 일련의 사회적 과정을 계획과정이라
할 수 있는 것이다.

4. 제도적 역량

1) 제도적 역량

제도적 역량(institutional capacity)은 장소적 당사자들이 장소적
질에 대한 스스로의 권력을 향상시킬 수 있는 역량을 의미한다
(Healey, 1997; 1998). <그림 - 1>은 Healey(1998)가 제도적 역량의
차원을 분류한 것인데 이를 해석함으로써 제도적 역량의 동적 특
성을 분명히 할 수 있다. 그녀는 이해당사자(stakeholder)가 자신이
터한 장소의 질에 대해 권력을 누리게 하는 토양으로 제도적 역량
을 설명하고 있다. 여기서 제도적 역량은 세 가지 차원을 가지는
데 지식자원(K, knowledge resource), 관계자원(R, relational resource),
동원역량(M, mobilisation capacity)이 그것이다. 지식자원은 코드화
될 수 있는 지식과 그렇지 못한 지식을 모두 포함하는 지역사회의
지식자원을 의미하는데 여기서 가용(可用)한 지식자원의 범주가

---

5) Healey(1996; 1997; 1998) 참조.

관계자원이다. 동원역량은 지식자원을 동원하여 관계자원으로 구축할 수 있는 계획과정의 역량을 의미한다.

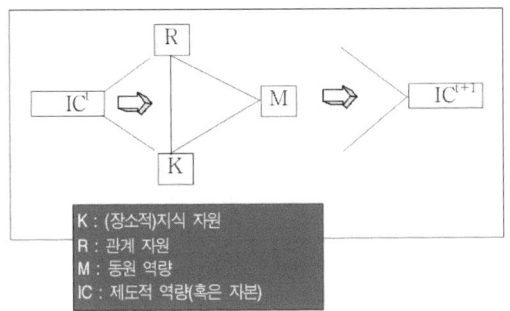

자료: Healey(1998)

〈그림-1〉 Healey의 제도적 역량

여기서의 제도란 해당지역의 공식적·비공식적 제도를 망라하는 것이다. 본래 제도적 역량이라는 것이 협력적 계획행위를 둘러싼 제도에 초점을 두고 있어 계획행위의 목적에 따라 그 내용은 달라질 수 있다. 본 연구에서 제도적 역량 분석의 대상으로 삼고자 하는 신산업화 전략을 예로 들자면, 산업을 유치하고 육성하는 데에 필요한 지식적 자원과 함께 당사자들이 엮어나가는 관계를 의미할 수 있다. 즉, 신산업화 전략에서 제도적 역량이라는 것은 사회적 학습과정으로서의 계획과정이 지역의 경제활동과 기술의 혁신에 기여하는 바를 규정하는 개념이다.

2) 제도적 밀집

이와 유사한 개념으로는 '제도적 밀집'이 있다. 제도적 역량이 '장소적 관계망(relational web)'의 집합에 대한 질적 평가 일반에 관한 것이라면 제도적 밀집은 지역의 경제적 성과(performance)에 차이를 가져오는 사회적 질을 말하는 것이다(Healey, 1997: 61). Amin & Thrift(1994: 14~15)는 다음의 네 가지 구성인자를 제시하면서 제도적 밀집을 규정하고 있다.

첫째, 제도의 풍부함이다. 이를테면 기업, 금융제도, 상업적 결사체, 직업훈련기관, 무역협회, 지방당국, 개발기구, 혁신센터, 노동조합, 생산자서비스기관 등 지역의 경제활동에 관한 일련의 제도들이 얼마나 갖추어져 있는가 하는 문제이다.

둘째, 지역 내 제도들 간에 이루어지는 상호작용의 수준이다. 이는 서로 다른 제도 간에 직접적인 접촉이 이루어지는 형태에 관한 것으로 제도 간 상호작용을 통한 지식의 교환이 별도의 통로 없이 가능한가의 문제이다. 이러한 접촉과 교환은 공유하는 규칙, 관습, 지역의 장소적 지식의 형태로 구체화된다.

셋째, 상기한 강한 상호작용의 결과로 발생하는 지배구조 혹은 협력의 패턴이다. 이러한 구조는 지역사회에 존재하는 개인적 이해관계나 부문적 이해관계를 집합적으로 대변하고 비용을 사회화하는 역할을 한다.

넷째, 지역사회에서 공유할 수 있는 의제의 개발이다. 이는 지역사회를 구성하는 일련의 제도들이 개발하는 것으로 정체성의 공유로 강화될 수 있다. 이를테면 지역의 장소적 특성, 종족성(ethnicity)에 따른 지역사회의 정체성을 특정산업의 의제로 채택하는 과정을 뜻한다.

이 네 가지 구성인자들의 결합이 지역의 제도적 밀집을 정의하는데 여기에는 제도 간 상호작용과 시너지 효과가 포함된다.

3) 관계자산(relational asset)

관계자산은 위의 두 개념에서 제시하는 지역 특유의 속성을 압축하고 있다. Storper(1994)는 세계화라는 위기에서 경제활동을 국지화시킬 수 있었던 '운 좋은 지역들'을 연구하여 '비교역적 상호의존성(untraded interdependencies)'이라는 요인을 제출한 바 있는데, '관계자산'이란 이를 두고 하는 말이다.

그는 지역경제의 새로운 개념으로 '신성한 삼위일체(holy trinity)'를 제시하는 데 기술－조직－영토(territory)가 이를 구성한다(Storper, 1997). 이는 기술과 조직, 그리고 영토 간의 관계가 매우 긴밀하여 세 요소 중 어느 하나를 제외하고는 나머지를 제대로 이해할 수 없다는 은유적 표현이다. 이 중에서 관계자산의 중심에 놓여 있는 것은 영토이다. 영토와 기술과의 관계, 영토와 조직과의 관계 각각에 대하여 전자의 경우에는 학습과정을 통한 기술 혁신을 후자는 기업 간 거래망과 기업내부 거래의 지리적 교차를 강조하고 있다. 이는 관습이나 비공식적 관계와 같은 영토에 고착되어 교역할 수 없는 요소를 의미하는 것이다. 결국 관계자산이란 지역경제에서 기술과 조직을 영토화하는 비공식적 제도를 통칭하는 것으로 지역사회의 신뢰나 상호작용의 결과로 구축되는 것이다.

4) 종 합

제도적 역량과 제도적 밀집, 그리고 관계자산은 모두 지역사회의 제도적 맥락을 강조한다는 공통점을 가지고 있다. 하지만 이들은 미묘한 차이를 보이고 있는데, 그 차이를 정리해 보자면 다음과 같다.

제도적 밀집과 관계자산의 경우, 관계자산이 영토성을 가지는 상호작용과 비공식적 제도를 의미하는 것이라면 제도적 밀집은 여기에 공식적 제도까지를 포함하는 보다 넓은 의미를 가진다. 앞서 보았듯이 제도적 밀집에는 관계자산에서 강조하는 것은 물론 공식적 제도의 존재, 상호작용이 패턴화하여 나타나는 지배구조 공통의 산업적 의제까지를 포함하는 개념이다.

제도적 밀집과 제도적 역량의 경우 그것이 의미하는 바는 유사한 것으로 보인다. 제도적 역량의 세 차원과 제도적 밀집의 네 가지 구성인자가 거의 일치하고 있다. 하지만 제도적 밀집은 지역의 경제적 성과에서 나타나는 차이를 설명하는 프레임으로 사용되는 반면, 제도적 역량은 계획행위를 통한 사회적 학습과정과 그 형성에 주안점을 둔다는 차이가 있다. 본 연구에서는 제도적 역량의 형성 가능성을 전제로 하고 그 구체적 과정을 추적하고자 하므로 Healey의 제도적 역량을 주요 개념으로 삼아 분석의 틀을 구성하겠다. 다만 제도적 밀집과 제도적 역량이 지시하는 개념은 동일한 것으로 보겠다.

제2절 지역산업화 전략에서 제도적 역량의 의미

1. 전통적 지역 개발전략의 위기와 새로운 현상의 출현

전통적으로 지역 개발은 기능적 개발[6]을 중심 논리로 삼아 왔다. 공간의 기능적 조직화는 1950년대부터 지속된 '하향식 개발패러다임'에 논리적 근거를 제공하며 유지되었다. Hirschman(1958)이 제시하는 바 '누적효과(trickling-down)'가 '분극효과(polarization)'를 앞지를 수 있는 '통제된 불균형(controled imbalance)' 상태를 전제로 한 기능적 개발은 국가차원의 공간 재조직화를 정당화하기에 충분했다. 하지만 주변지역으로 성장의 결과가 누적 확산되리라는 낙관은 현실로 나타나는 '역류효과(back-wash effect)'로 인하여 정치적 공격을 받기에 이른다(김형국, 1991).

하향식 / 기능적 개발에 따른 공간의 불균형7)을 거론하지 않더라도 경제의 세계화(globalization)라는 새로운 국면에 상응하지 못함은 자명하다. 하지만 이미 그 한계는 조절이론에서 주장하는 이른바 포드주의 축적체제의 위기에 맞물려 80년대부터 드러나기 시작한다. 대량생산 / 대량소비로 특징지어지는 포드주의 축적체제의 위기는 복지국가라는 조절양식의 변화를 강제하게 되었고 이는 지역경제의 위기로 나타나는데, 지역경제의 위기 상황은 국가단위의 거시적 조절체제를 불신하게 만들었고 지역차원의 미시적이고 기민한 조절체제가 등장하는 배경이 되었다(권태준, 1998). 자본유치를 위한 지방정부의 역할이 커지면서 지방정부차원의 새로운 성장전략으로 신산업지구의 모델이 제시되기에 이른다(강현수, 1999). 이후 본격적인 성장전략이 세계 도처에서 구체화되는데 크게 보아 재조직화, 재산업화, 신산업화 전략으로 요약할 수 있다(정병순,

---

6) 지역 개발의 논리는 기능적(functional) / 영토적(territorial), 논리(Friedmann & Weaver, 1979)로 대별된다. 기능적 개발이 지역을 국가의 하부 단위로 보아 전체의 일부로 이해하는 것이라면 영토적 개발은 그 자체를 하나의 체계로 이해하는 것이다. 이는 각각 외생적(exogenous) 개발 / 내생적(endogenous) 개발과 유사하다.

7) 자본주의 국가에서 하향식 개발을 통한 공간의 불균등은 자본축적을 위한 공간적 분업을 개념화한 Massey(1984)의 글을 참조할 것.

2000: 107). 이러한 전략 구사의 기저에 놓인 것이 혁신의 용기(容器)로서 공간이고 공간의 체계에 특수성을 부여하는 제도적 맥락을 강조하는 경향이다. 거래비용, 배태, 클러스터, 네트워크 등의 개념을 중심으로 하는 '신산업공간', '신산업지구', '혁신환경론', '지역혁신체계' 등의 이론이 그 대표적인 사례라 할 수 있다.8)

요컨대 지역경제의 위기는 지방정부의 작동 방식에 변화를 가져왔으며 그 중심에 지역의 혁신창출이 자리잡고 있다. 또한 본격화된 자본의 세계화에 대응하는 지역차원의 전략으로 혁신과정상의 국지적 지식에 주목하는 것으로 볼 수 있다. 이제 문제는 혁신과

---

8) 이들 각각에 대한 논의는 본 논문에서 직접 다루지 않겠다. 다만 각 접근의 핵심을 간추려 보자면 다음과 같다.

〈표-4〉 혁신과 공간: 이론적 관점들 요약

주 제	신산업공간	지구 이론	혁신환경	혁신 체제
행 위 자 의 개념	경제적 교환의 수동적 메커니즘	독립적인 유연조직	슘페터적 기업가	학습조직
공간환경 의 개념	시스템으로 국지적이고 분산적	사회적 연계를 구성하는 여러 행위자들로 구성	경제행위를 용이하게 하는 자원들로 구성	제도의 거시적·중범위적 경제시스템
혁 신 과 환경 간 의 관계	국지적 지식(노동)은 비교역적 자원; 다른 행위자와의 교환관계는 혁신의 자원	사회적 연계와 행위자 네트워크를 통해 정보, 지식, 표준 등이 소통되고 보급됨	혁신과 기술의 속성에 의지하여, 환경은 자원의 공급처이거나 지원 생산 시스템	제도, 근접성 그리고 자원의 다양성은 지역에서의 쌍방향 커뮤니케이션, 학습, 그리고 혁신자원
공 간 적 집중 메 커니즘	수직적 분화와 조직간 거래의 특성이 공간적 집중을 발생시킴	지구(districts)는 생산조직이 국제적으로 경쟁할 수 있는 방식	혁신환경은 집합적 학습과정을 조직하여 정보비용을 낮추는 특정지역 잠재력의 결과	공간적 근접성은 기술변화 특성의 결과로서 쌍방향 학습을 촉진한다
새 로 운 시도	'비교역적 상호의존성'과 관습을 보다 강조	보다 상이한 유형의 지구에 대한 연구	제도적 인자에 대한 강한 강조	지역 및 부문 수준에 적용

자료: Lagendijk, 1997: 23 재구성

지식을 국지화하는 메커니즘을 이해하는 것이다. 국지화라는 것이
장소에 배태[9]시키는 것이라 한다면 지역의 제도적 속성이 관건이
된다는 사실은 자명하다. 이하에서는 지역차원의 혁신에 관한 경
제지리적 관점을 약술하고 각각에서 정의하는바, 제도의 수준을
기술하고자 한다.

2. 혁신과 지역, 그리고 제도

1) 제도에 대한 정의와 수준별 유형화

지역을 연구함에 있어 제도(institution)를 중히 여김은 자연스러
운 일이다. 본래 제도라는 개념이 계량할 수 없는 것으로 행위자
와 관계의 역사를 포함하며 대면접촉이나 지연(地緣), 장소 특수성
과 연결되기 쉽기 때문이다. 근자에 들어 제도에 관한 관심이 더
욱 고조되고 있는 것도 사실이다.[10] 하지만 각 분과 학문에 따라,

---

9) 배태에 관한 개념은 그라노베터(Granovetter, 1985)가 신산업지구 연구에
서 도입한 것으로 대부분의 경제적 행동이 사람과 사람 간 관계의 네트
워크에 뿌리내린다는 분석에 사용되었다. 예를 들면 공급자와 고객 간
기업 간 연계에서 단순한 계약관계를 초월하여 비공식적인 연결이나 신
뢰가 중요하다는 것이다(Harrison, 1992). 협력과 경쟁이라는 역설적인 조
합관계도 결국 배태성의 결과라 여길 수 있다. 결국 배태성이란 거래관
계를 갖는 기업의 경제적 행동과 결과가 지역의 사회 문화적 특성에 의
해 영향을 받는 것을 말한다(Grabher, 1993). 따라서 지식이 국지화된다
는 것은 해당 지식이 지역사회의 문화적 특성으로 포섭됨을 의미하며
이는 이후에 상술할 제도적 맥락에 포함된다는 것과 동일하다.
10) 이러한 현상은 정치 · 경제 · 사회적인 불확실성이 증가하는 경향과 무관하
지 않다. 시민사회의 성장과 NGO(Non-Governmental Organization: NGOs)
의 위상강화(강명구, 2000), 비교우위에서 경쟁우위로의 경제 전략상 변
화(경제적 성과를 위한 적극적 대응에 관해서는 Mansfield(1971), Hill(1979),

38

혹은 학자에 따라 분석대상으로 설정하는 제도의 수준이 다름은 물론이고 제도를 정의하는 방식에 차이가 있다.

제도에 대한 가장 고전적인 정의는 Veblen과 Commons에서 찾을 수 있다. 이들은 모두 고전파 경제학에서 가정하는 합리적 개인 개념을 비판하면서 개인의 행위를 제약하는 것으로 제도를 개념화한다. Veblen(1898)은 인간행위에 대한 합리성 가정을 비판하며 습관과 전통을 제시한다. 그는 '대다수의 사람들에게 공통으로 자리잡은 사고하는 습관'을 제도라 정의하고 제도가 인간행위에 영향을 끼칠 수밖에 없음을 논증하고 있다(Veblen, 1909: 245). 개인이 직접적으로 관여하는 인간관계에서 뿐만 아니라 그 관계에 내재한 다양한 제도적 특징이 그의 행동을 규정하는 것이다. Commons (1924)는 Veblen과 유사한 견해를 지니면서도 제도의 발생에 관한 유의미한 개념을 제시한다. 그는 개인의 행위 선택에 대한 전통적인 강조에 도전하면서 좀더 적절한 경제분석단위로 '거래'라는 개념을 제안한다. 거래라는 것은 '희소함의 세계'에서 주고, 얻고, 설득하고, 강제하고, 속이고, 명령하고, 복종하고, 경쟁하고, 지배하는 둘 혹은 그 이상의 의지를 의미하는데 이는 곧 행동의 메커니즘과 규칙이다. 여기서 Commons가 암시하고 있는 '행동의 규칙'이 곧 사회의 제도이다.

포터(1998)를 참조할 것) 등은 정태에서 동태로, 위계에서 네트워크로 이행하는 대표적인 현상인데 이는 불확실성의 실제적 반영이기도 하거니와 그에 대한 대응전략이기도 하다. 이러한 대응전략이 일련의 흐름을 이루는 데 동태경제학이나 진화주의 경제학에서 다루는 체계(system), 신제도주의 경제학에서 말하는 규칙(rules), 사회학자들의 상징체계(symbolic system) 등으로 구체화되어 제도적 사고의 여러 축을 구성한다(Scott, 1995). 즉, 제도는 예측할 수 없는 미래에 대한 안전장치라는 점에서 의미를 가지며 현대사회의 불확실성으로 인하여 학문적·정책적 관점에서 주요하게 다루어지는 것이다.

흔히 舊제도주의자로 불리는 Veblen과 Commons의 논의는 결정론과 순환론이라는 비판에 직면하게 되지만 사회현상을 설명하기 위해 제도적 요소를 도입한 중요한 시도라 평가할 수 있다(염재호, 1994). 구제도주의의 시도가 정태적 제도로 귀결되는 한계를 가지고 있다면 이를 극복하고 정태성의 함정에서 벗어나기 위한 다양한 시도가 일어나는데 이를 구제도주의와 구분하는 의미에서 新제도주의라고 한다. 이들이 보는 제도는 인지적(cognitive)·규범적(normative)·규제적(regulative) 구조와 그 속에서 일어나는 의미 있는 행위들을 포함하는데 세계체제(world system)에서 하나의 조직에 이르기까지 다양한 수준에서 작동한다(Scott, 1995: 34)[11].

---

11) Scott은 신제도주의라 불리는 학자들이 제도를 정의하는 바를 18가지 유형으로 나누고 있다. 유형화의 기준으로 제시하고 있는 것은 강조하고자 하는 제도적 요소(institutional elements)와 대상으로 하는 제도의 수준(level)이다. 강조하는 제도적 요소는 크게 규제적(regulative) 요소, 규범적 요소(normative), 인지적(cognitive) 요소의 세 가지이다. 먼저 제도의 규제적 측면은 가장 많은 학자들이 강조하는 제도적 요소로서 인간의 행위를 제약하고 통제하는 규칙 체계(North & Thomas, 1973; Skocpol, 1979; Campbell & Lindberg, 1990; Barnett & Carroll, 1993; Williamson, 1975; 1985; Shcplse & Weingast, 1987)를 의미한다. 이러한 과정은 공식화된 메커니즘은 물론 수치심이나 사회적 격리와 같은 비공식적 메커니즘을 통해 작동한다. 규제적 접근은 거래비용이나 조정비용 등을 중심으로 하는 경제학적 해석으로 재산권, 계약관계, 기업조직 등을 그 대상으로 한다. 이와는 달리 제도의 규범적 측면은 가치(value)와 규범(norm)을 포함하는 것으로 사회적으로 바람직한 것이다(Krasner, 1983; Parsons, 1953; Mezias 1990; Berger & Luckmann, 1967). 규범적 접근에서 다루는 제도는 일을 추진하는 전문적인 가치와 규범을 뜻하는 것으로 사회적 역할이라 볼 수 있다. 이러한 제도는 사회적 행위에 제약과 권능을 동시에 부여하는 것으로 볼 수 있다. 마지막으로 인지적 요소로서의 제도는 인류학과 사회학에서 논하는 상징체계와 같다. 리얼리티(reality)의 본질을 구성하는 규칙들, 그리고 의미를 구성하는 프레임을 제도라 본다. 즉, 자극의 원천으로서 외부세계와 개별적 인간의 대응을 매개하는 내부화한 상징적 재현의 집합으로 제도를 설정하는 것이다(Meyer, 1994; Dobbin

〈표-5〉 수준에 따른 제도 분류와 예시

수준(level)	강조하는 제도적 요소		
	규제적 (regulative) 요소	규범적 (normative) 요소	인지적 (cognitive) 요소
세계체제 (world system)	▶ 서구세계에서 재산권의 형성(North & Thomas, 1973) ▶ 국제적 수준에서 규범적 "레짐"의 성장맥락(Krasner, 1983)		
사회(societal)	▶ 혁명기의 조직과 국가 관계 비교 연구-사회적 자본(Skocpol, 1979) ▶ 미국 철도정책 근저에 놓인 문화적 신념체계(Dobbin, 1994)		
조직체계 (organizational field)	▶ 산업부문별 거버넌스(governance) 메커니즘 작동 연구(Campbell & Lindberg, 1990) ▶ 교육시스템 일반(교육관련부처, 학교, 학부모조직, 교사노조를 포함)		
조직개체군 (organizational population)	▶ 공동 이해관계를 가지는 동질적인 개체들의 집합 ▶ 국가 규제가 통신사업자들에게 미친 영향(Barnet & Carroll, 1989)		
조 직 (organization)	▶ 명문대가 지니는 특징적인 문화적 가치(Clark, 1970) ▶ TVA사업이 지니는 사회적 가치(Selznick, 1948) ▶ 거래비용 절감을 위해 기업 내 조직형태 변화(Williamson, 1991)		
조직하부체계 (organizational subsystem)	의회 산하 위원회의 제도적 유래(Shepsle & Weingast, 1987)		

자료: Scott(1995), 3장의 내용을 표로 재구성

<표-5>는 제도를 수준별로 유형화하고 그 사례를 제시하고 있다.[12] 표에서 나타나듯이 그 수준에 따라 제도분석의 대상을 달리할 수 있음은 물론 강조하는 제도적 요소에 따라 다시 세분화된다. 바꿔 말해 분석의 수준을 설정하기에 따라 대상이 되는 제도의 실체가 정해지고 어느 측면을 보는가에 따라 분석의 방법이 달

1994, Dimaggio, 1991; Clark, 1970; Zimmerman, 1969). 여기서 제도는 주체와 외부환경을 매개하는 구성적 규칙(Searle, 1969)으로 개인의 이해 (interests)를 설명하는 변수로 자리잡게 된다.

12) 여기서는 제도에 따른 세 가지 접근 방법을 분류하지 않고 함께 예시하였는데 이는 기왕의 지역경제적 접근에서는 세 측면 모두에 의존하고 있고(Martin, R., 2000) 수준 분류만으로도 대상도출에 어려움이 없기 때문이다.

라질 수 있다. 본 연구에서 관심을 가지는 것은 제도에 대한 이상의 정의들이 지역의 혁신과정에 관한 논의가 가지는 상합관계이다. 따라서 신산업공간론, 산업지구론, 혁신환경론, 지역혁신체계 등에서 논하는 제도의 의미를 유형화하고 이를 통해 분석의 수준을 구체화하겠다.

2) 지역경제에서의 제도적 전향

지난 10여 년 동안 경제지리학, 혹은 지역경제학에 있었던 르네상스를 한마디로 표현하자면 "제도적 전향(institutional turn)"이라 할 수 있다. 이는 경제 경관의 형태 및 진화가 다양한 사회적 제도에 대한 응당한 관심 없이는 불가능하다는 인식에 기인한다. 이러한 제도적 전향에는 여러 동인이 작용하지만 대표적으로 제기되는 것은 다음과 같다(Martin, 2000).

첫째, 프랑스 조절이론의 확산으로 "능률적인 자본주의적 생산의 필수적인 토대(Storper & Walker, 1989: 5)"로서 사회-제도적 구조에 관심이 증폭되었기 때문이다. 이는 이른바 조절양식이라 불리는 지역의 경제적 생산·소비·축적에 대한 규칙, 관습, 규범의 총체에 주목하게 되었다는 의미이다.

둘째, 지역경제 내에서 "사회-문화적(socio-cultural)"인 요소가 부상(浮上)한 탓이다. 전통적으로 지역경제에서 중요하게 다루어진 것은 "순수하게 경제적인" 대상이었다.[13] 그러나 순수 경제적 이

---

13) 지역경제란 국민경제를 이루는 부분체계이며, 지역은 계정단위로서 국가의 일부분이고, 다른 계정단위인 인접지역과의 상대적 관계에서 그 위상이 결정된다는 것이 전통적 규정이다. 여기서 지역경제활동의 공간

론 구성만으로는 해명할 수 없는 현상이 다수 존재하고 사회 문화적 구성이 중요하다는 인식이 빠르게 확산되고 있다.

마지막으로 지난 20여 년간 이루어진 자본주의 제도상의 변화에서 기인한다. 2차 대전 이후 토대를 이루고 조절하였던 포디즘적 축적체제가 포스트 포디즘으로 이행하면서 구래의 제도적 환경이 효능을 상실하는데, 이에 새로운 제도적 형태가 확산하게 되었다. 따라서 변화하는 자본주의적 경관을 이해하고 분석하기 위한 노력이 진행되는 것은 자연스러운 현상이라 할 만하다.

이러한 제도적 전향은 산업지구, 신산업공간, 혁신환경, 지역혁신체계 등으로 구체화된다. 각각의 이론에서 다소간의 차이를 발견할 수는 있으나 기술 혁신의 역할을 중요시하고 혁신의 성과에 있어 지역의 '제도적 환경(milieu)'14)에 주목한다는 점에서는 공통적이다(Martin, 2000). 즉, 기술 혁신이 경제적 성과에 결정적인 변수라는 인식이 확산되면서 혁신을 위한 학습의 토양으로서 지역사회의 제도를 바라보는 것이다.

적 속성은 인구(노동력), 자본(재화)으로 이루어지는 생산요소의 흐름으로 파악된다(소진광, 1999: 69).
14) milieu에 대한 번역어로는 '풍토', '환경' 등이 있는데 본 논문에서는 '환경'이라 하겠다. 본래 milieu는 GREMI(Group de Recherche Européen sur les Milieux Innovateurs)학파에서 제안한 것으로 그들이 주장하는 '영토적 생산체계(territorial production system)'를 구성하는 제도적 요소이다. Mailat & Grosjean(1990)은 풍토를 정의하는 다섯 요소를 제시하는데 다음과 같다. ① 공간적 실체: 특정 행정구역상의 경계는 없지만 독특하고 구체적인 형태적 특성이 있는 공간, ② 행위자 집단: 기업, 연구소, 훈련기관, 지방당국, 여타 행위자로 구성되는 집단으로 어느 정도의 독립성과 의사결정권을 가진다. ③ 물질적 요소, 비물질적 요소를 중개하는 제도적 요소, ④ 조직적 논리: 행위자들에 의해 공동으로 창출된 자원을 효과적으로 사용하기 위한 논리, ⑤ 학습 논리: 행위자들이 변화된 기술환경과 시장환경에 발맞추어 스스로의 형태를 바꿀 수 있는 능력.

3) 지역의 기술 혁신과 제도적 영향

본래 엄밀한 의미에서 혁신이란 기업이 새로운 제품 설계나 제조공정을 습득하여 이를 실행에 옮기는 것이라 할 수 있다(Nelson & Rosenberg, 1993). 하지만 혁신은 좀더 넓은 의미에서 이해할 필요가 있다(Cooke, Uranga & Etxebarria, 1997). 넓은 의미에서 기술적 변화(technological change)는 단순한 기예적(technic) 진보 이상을 의미한다. 그것은 조직, 행위 그리고 시스템 상의 상이한 행위자들이 서로 관계하는 방식상의 변화를 의미한다. 이 변화를 제도적 변화라 한다면 혁신은 '제도적 학습의 과정(institutional learning process)'으로 볼 수 있는 것이다(Pavitt and Patel, 1988; Dalum et al, 1988; Cooke et al., 1997)

앞서 사용한 몇몇의 개념에서도 나타나지만 지역경제에서 주목하는 제도라는 것이 일관성을 가지지는 않아 보인다. 크게 보아 두 가지로 이해할 수 있는데 하나는 지식을 매개하고 전승하는 매개체, 혹은 지식을 특정지우고 유지하는 사회적 담지체로서 제도를 상정하는 것이고 다른 하나는 혁신에 작용하는 환경(milieu)으로 제도를 정의하는 것이다. 지식[15] 매개체로서 제도는 주로 혁신체계론자들의 이해방식으로 Commons나 Veblen의 영향이 베어 있다. 이들이 이해하는 제도는 규칙, 관습, 규범, 습관 등의 비공식적인 것은 물론 정부기관이나 조직 등의 공식적인 것까지 망라하는데 정보를 처리하는 문화적 장치로 규정함으로써(Johnson, 1992) 학습[16] 과정의 핵심으로 위치한다. 다음의 <그림-2>는 학습과정

---

15) 여기서 지식이란 문자화된(codified) 정보만을 의미하는 것이 아니라 숙련과 같은 암묵지(tacit knowledge)를 포함하는 개념이다.

16) 여기서 학습이란 형식지의 획득만을 의미하는 것이 아니라, 개인 또는

에서 제도의 역할을 압축적으로 제시하고 있다.

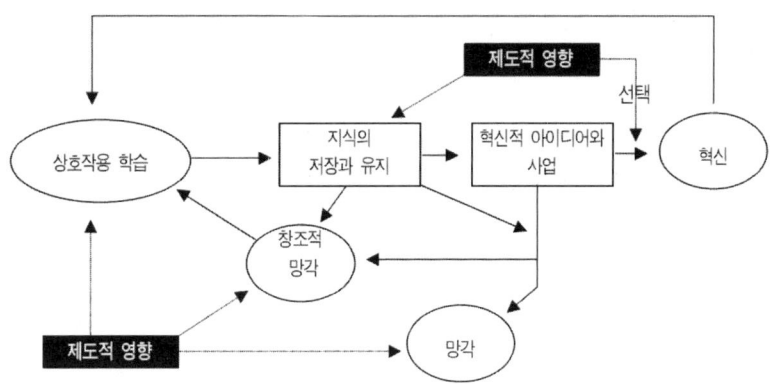

출처: Johnson, 1992: 33

〈그림-2〉 학습과정에 대한 제도의 영향

지식은 제도에 의해 다음 세대로 전승되는데 새로운 지식의 축적과 개발에 순기능을 하기도 하고 역기능을 하기도 한다. 통상 학습은 누적적 과정인데 지식의 저량(stock)은 시간에 따라 증가하는 경향을 보인다. 하지만 모든 지식이 저장되는 것은 아니고 조직이 붕괴될 경우 빠른 속도로 사라진다. 결국 제도는 지식의 저장고로

조직의 역량과 이해(understanding)가 변화하는 과정으로 정의할 수 있다 (Cooke & Morgan, 1998: 68). 이러한 변화는 여러 방법으로 성취할 수 있다. 그 방법으로는 생산루틴으로 정착한 과정에서 시행착오를 통해 얻어지는 '실행에 의한 학습(learning by doing)', 복잡한 체계를 이용하면서 점점 더 효율성을 얻게 되는 '사용에 의한 학습(learning by using)', 그리고 생산자와 사용자 간의 반복적인 상호작용을 통해 이루어지는 '상호작용에 의한 학습(learning by interacting)' 등이 있다(Lundvall, 1992: 9). 그런데 그 유형이 어떠하든 간에 각각의 학습은 주로 상호작용적이다. 즉 학습은 개인과 개인, 기업 내 각 부서들 간, 기업과 기업 간, 기업조직과 여타 조직들 간, 기업과 제도들 간의 상호작용에 의해 발생한다(김광선, 2000).

서 제도의 변화나 존폐에 따라 지식의 변화가 받는 영향은 직접적이다(Johnson, B., 1992). <그림-2>는 학습, 기억(remembering), 망각(forgetting)17), 선택(selection)의 '흐름(flow)'이 제도적 요인에 의해 영향을 받음을 보여 주고 있다. 즉, 새로운 지식이 새로운 제품이나 공정에 쓰여 혁신의 동력으로 사용되는 과정에서 제도적 변수가 중요하다는 의미이다.

혁신체계 접근에서 지역이라는 공간적 설정이 의미를 갖게 되는데에는 암묵적 지식의 역할이 크다. 룬드발(Lundvall, 1996)에 따르면 지식의 종류에는 대상지(know-what), 원리지(know-why), 방법지(know-how), 인맥지(know-who)가 있다. 이 중 대상지와 원리지는 문자화할 수 있는 지식인 데 반해 방법지와 인맥지의 경우 개인과 그들 간의 관계에 체화된 암묵적 지식이다. 전자의 경우 특정지역적 경제에 제약받을 필요가 없지만 암묵지의 경우 상호자용적 학습이 누적된 지역을 벗어날 경우 높은 비용을 초래하게 된다는 것이다. 더욱 엄밀히 말해 지역사회에서 발전할 수 있는 누적적 제도를 다른 지역으로 고스란히 베껴 옮기는 것은 사실상 불가능하다는 의미이다.

반면 혁신의 환경으로서 제도는 지역사회에 소여된 자산(asset)으로 이해할 수 있다. 물론 혁신체계 접근에서 제도개념의 대상으로 보는 것과 엄격히 구분되는 것은 아니지만 보다 장소 특수한 것으로 설정한다는 특징이 있다. 소위 GREMI(Group de Recherche

---

17) 망각은 창조적 망각(creative forgetting)과 단순망각으로 구분할 수 있다. 단순망각은 지식과 노하우를 완전히 폐기하여 다시는 사용하지 않는 과정을 의미한다. 그러나 창조적 망각은 기존의 지식과 노하우, 규칙과 루틴의 일시적 망각을 의미하며, 이는 새로운 혁신, 새로운 조직형태, 새로운 활동 분야 등을 받아들이기 위한 준비단계이다(Mailat & Kebir, 1998: 24).

Européen sur les Milieux Innovateurs)학파로 대표되는 혁신환경론에서 제시하는바, 지역의 제도적 풍토(Milieu)는 특정 지리적 영역 내에서 관계들의 집합으로 정의된다(Camagni & Rabellotti, 1997). 여기서는 기업자체에 대한 관심보다는 지역의 혁신환경(milieux innovateurs)이 집합적으로 구성하는 영토적 생산체계(territorial production system)가 주된 고민거리이다. GRMEI의 관점에 따르면 혁신환경에서 성공의 관건은 정보 수집비용과 정보 분배비용을 결정하는 집합적 학습 역량에서 나온다. 네트워크를 통해 얻게 되는 이익은 암묵적 행위정보, 복잡한 메시지의 해석, 생산품과 기술에 대한 공통의 "재현(representation)"과 신뢰의 형성으로 가능한데 그 원천이 환경(milieu)에 있다. 요컨대 혁신환경론에서 제도적 요소는 1) 기업, 연구소, 훈련·교육기관, 지방당국 등의 행위자 집단, 2) 행위자 집단 간의 개방성과 상호의존성으로 구성되는 조직 논리, 3) 행위자들의 집합적 학습과정을 담보할 수 있는 지역 생산체계의 역량으로 정리해 볼 수 있다.

3. 지역경제에 대한 제도적 접근의 수준과 특성

지금까지 제도에 대한 일반적 분석과 함께 지역경제에서 다루는 제도에 관하여 개관해 보았다. 그 결과 지역경제를 구성하는, 혹은 성장의 자산으로 삼는 제도적 요소라는 것이 특정 수준에 국한되어 있지 않고 강조하는 요소도 복합적임을 알 수 있다. 제도의 종류를 '제도적 환경(environment)', '제도적 배열(arrangement)'[18]로

---

18) 이러한 구분은 경제지리학에서 제도의 종류를 나누는 방식 중 하나이다. 전자의 경우 관습, 규범, 사회적 루틴(협력행위에서 나타나는 습관, 소비문화, 사회화된 노동관행, 거래 규범 등) 등을 의미하는 것으로 흔

나누어 볼 때 그 각각은 물론 양자 간 상호작용까지 대상하고 있다. 이처럼 다양한 제도개념을 공간적으로 포섭하고자 하는 노력이 있었는데 그 대표적인 개념이 제도적 밀집(institutional thickness)[19]이다(Martin, 2000). Amin & Thrift(1995)에 따르면 제도적 밀집은 네 가지 구성 성분으로 규정할 수 있다. 첫째는 제도적 배열의 형태로 나타나는 강한 제도적 출현이 있어야 한다. 이를테면 지방정부, 기업, 상업적 결사체들, 금융제도, 개발업자, 노동조합, 연구 및 혁신센터, 그 외 자발적 결사체들이 출현해야 한다. 둘째, 성찰적인 네트워크가 구축되고 협력을 촉진하기 위한 제도 간의 강한 상호작용이 있어야 한다. 셋째, 분파주의와 내적 갈등을 최소화하기 위해 뚜렷한 통치구조, 연합 구축, 집합적 재현(representation)이 존재해야 한다. 넷째, 전술한 통치구조나 연합에 의해 여타 조직에 대한 포섭과 동원이 가능해야 한다. 여기서 지방정부를 위시한 여러 세노적 출현을 제도의 조직적 수준(organizational level)으로 본다면 네트워크와 협력, 통치구조와 연합, 포섭과 동원은 조직들이 구성하는 조직체계수준(organizational field level)에 해당한다. 나아가 조직체계수준에서의 구성요소를 강화, 혹은 고착시키는 신뢰나 사회적 자본은 제도의 사회(societal) 수준으로 이해할 수 있다.[20] <표

___

히 비공식적 제도라 한다. 후자의 경우 제도적 환경에 의해 통제된 결과로 나타난 시장, 기업, 노동조합, 도시협의회, 규제당국의 형태를 의미한다(North, 1990; Rutherford, 1994 참조).

19) 이와 유사한 개념으로 제도적 역량(institutional capacity)(Healey, 1997: 1998)을 이미 소개한 바 있다. 제도적 역량의 경우 계획과정과 관련된 개념이긴 하나 제도적 밀집과 큰 차이가 없으므로 이후의 서술에서는 제도적 역량을 사용하도록 할 것이다.

20) 본 연구에서 제도적 밀집을 제도의 수준에 따라 분해하여 제시하는 것은 분석적 차원의 작업임을 분명히 하겠다. 달리 말해 수준을 나누는 것은 분석과 이해를 돕기 위함일 뿐 제도적 밀집이라는 것이 나누어진 구성요소들의 합으로 나타낼 수 없다는 의미이다. 각 수준 간의 포함과 상

-6>은 이를 정리하여 나타내고 있다.

〈표-6〉 지역경제에서 제도적 밀집(역량)의 수준별 분석

수준(level)	제도적 밀집(역량)을 형성하는 요소
사회(societal)	▶신뢰, 사회적 자본, 지역사회의 정체성
조직체계 (organizational field)	▶조직 간의 네트워크와 협력을 위한 상호작용 ▶통치구조와 연합, 집합적 재현(representation) ▶포섭과 동원역량
조직(organization)	▶지방정부, 기업 상업적 결사체들, 금융제도, 개발업자, 노동조합, 연구 및 혁신센터, 그 외 자발적 결사체들

지역경제에서 혁신의 의미와 제도의 역할에 대한 짧은 소개를 통해 본 연구에서 주목하는 바가 무엇인지를 구체화하였다. 하지만 단순히 지역사회에 이러저러한 자원, 혹은 역량이 중요하다는 기술로는 지방정부가 깊숙이 개입하는 전략적 산업화에 대한 의미 있는 분석에 한계가 있다. 특히 새로운 산업체계를 도입하여 이식하고자 하는 신산업화 전략에서는 더욱 그러하다. 이는 제도적 역량의 동적 특성을 전제로 함인데, 이미 정해진 분량만큼의 역량이 결정되어 있는 것이 아니라 전략 수립과 집행의 과정에서 변화 가능하다는 의미이다. 따라서 이상의 제도적 역량에 대한 분석에 계획과정상의 변화에 대한 논의를 더하여 체계화할 필요가 있다.

호작용이 존재함은 전술한 여러 개념과 이론에서도 이미 전제하고 있는 바이고 소개되지 않은 다른 이론과 개념에서도 공히 나타나는 부분이다.

제 3 절 계획과정과 제도적 역량

1. 지역의 신산업화 전략에서 제도적 역량

1) 지역의 신산업화 전략[21])과 제도적 역량

1장에서 살펴보았듯이 신산업화 전략은 지역사회에 전혀 새로운 산업을 이식하는 전략이다. 이는 지역사회의 역사적 기술궤적[22])(historical technology trajectory)에 합치하지 않는 외부적 요소가 개입하는 모양새를 이룬다. 여기서 지역사회에 전승되어 온 궤적이라는 것은 그 자체가 경로 의존적(path-dependent)[23])인 사회적 수준의 제도로 이해

---

21) 전략(strategy)이란 희랍어 strategos에서 유래된 것으로 본래 군대의 통솔을 의미한다. 전략은 조직의 적극적인 임무, 달성할 목표, 이용 가능한 자원을 사용하는 기본적인 방법에 대한 전술을 나타내는 데 과정, 실천, 가치판단, 상황평가와 변화, 미래지향, 자원동원 점검 등의 요소가 중요하다(안태환 1996).

22) 분석적 의미에서 '기술궤적'은 기술이 확산하고 이용되는 과정에서 기술의 발전과 변화의 과정을 특징짓는 누적적이고 진화적인 성격을 이르는 말이다(OECD, 1992). 이는 사회적 토양에서 출현한 산업 발전 경로를 따르는 것이고 스스로 진화하며 기술을 누적해 나가는 패턴을 의미한다. 각 산업이나 분야마다 기술의 진화가 초기의 기술영역에 의존하는 모양을 가지게 된다(Nelson & Winter, 1997). 따라서 지역사회의 기술궤적은 이미 그 지역에서 유지해 온 산업에 따라 고착(Locked-in)되어 있는 것이다. 하지만 기술경제학에서 정의하는 '기술'로 개념을 국한할 필요는 없어 보인다. 기술을 '물리적 기술'과 '사회적 기술'로 구분하고 전자를 일반적인 기술에 후자를 관습과 루틴을 포함하는 넓은 의미의 제도로 정의하는 Nelson & Sampat(2001)의 논의는 본 연구의 '기술궤적' 개념에 시사하는 바가 크다. 다만 지역의 산업화라는 연구의 범주에 존재하므로 산업에 연관된 지식, 기술, 자원 등의 의미로 느슨하게 정의할 필요는 있다.

50

할 수 있다. 결국 신산업화 전략의 성패는 외부적 힘으로서 작용하는 신산업과 기존 기술궤적 간의 작용관계로 가늠할 수 있는 것이다.

전략의 성공이라 함은 단순히 지역경제 계정상의 고용 증가나 GRDP의 증가를 뜻하는 것이 아니라 사회적 수준, 조직체계수준, 조직수준에서의 지역적 제도에 새로운 산업체계가 제대로 접합하는 상태를 의미한다. 이는 신산업화 전략에 따른 지역 생산체계가 지속성을 가질 수 있는 내적 동력에 관한 평가이다. 따라서 신산업과 기존의 기술궤적의 접합을 관장하는 제도적 역량이 신산업화 전략의 관건이라 할 수 있다. <그림-3>은 그 과정을 도해하는 것으로 산업 도입이라는 외적 충격을 지역사회로 흡수하고 내부화할 수 있는 제도적 역량에 따라 지역의 발전 경로가 달라짐을 확인하고 있다.

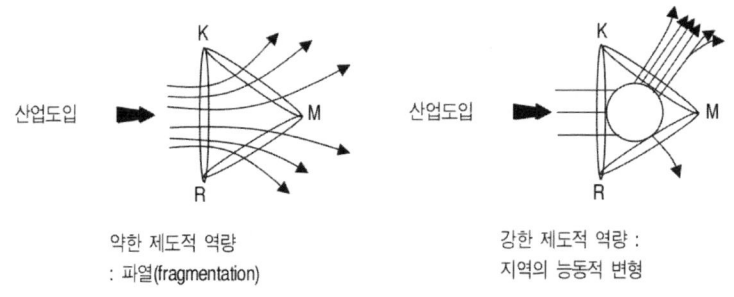

출처: Healey, Magalhaes et al. 1999 재구성

〈그림-3〉 제도적 역량에 따른 산업 도입의 영향

---

23) 경로 의존성은 진화주의 경제학에서 다루는 핵심 개념으로 '루틴'을 보편화한 개념이다(최송락, 2000). 크게 보아 세 가지 경로 의존이 존재할 수 있는데 ① 최적 지점이 무엇인지를 알고 있음에도 선택시점에서의 비용 때문에 차선을 선택하는 경우, ② 선택시점 당시 정보의 부족으로 인하여 최선을 선택할 수 없는 경우, ③ 최선의 선택지가 무엇인지 안다 하더라도 기존의 경로를 그대로 답습하는 경우이다(Magnusson & Ottosson, 1996).

문제는 '지역사회의 제도적 역량이 어떻게 형성되는가'로 귀결
된다. 이를테면 제도적 역량이 소여된 환경과 같은 것이라면 애초
에 신산업화에 성공할 지역과 성공하지 못할 지역은 정해져 있을
것이고, 제도적 역량이 인위적으로 형성 가능한 것이라면 적확한
투자를 통해 성공적인 산업화를 이룰 수 있을 것이다. 즉, 신산업
화 전략이 성공적인 지역 개발전략으로 자리잡기 위해서는 제도적
역량이 행위자들의 개입에 따라 변화 가능하다는 전제가 필요한
것이다.

2) 제도적 역량에 대한 결정론과 가능론

이 문제는 이미 '사회적 자본(social capital)'을 둘러싼 논쟁에서
제기된 바 있다. 즉, 사회적 자본의 저량(stock)과 유량(flow)에 있
어 그 양이 고정되어 있다는 결정론과 가변적이라는 가능론 사이
의 대립이 존재했다. 초기 논의에서는 결정론적 시각이 우세했던
것으로 보인다. 푸트남(1993), 후쿠야마(1995), Locke(1995) 등의
연구가 대표적인데 유량의 수준이 저량의 수준과 직접적인 관계를
맺고 있어 절대적이라는 진단을 내놓았다. 즉 사회적 자본의 저량
은 단기간에 추가시킬 수 없고 주어진 저량이 유량을 규정하므로
유량의 수준 자체가 변할 수 없다는 것이다.

하지만 결정론적 주장에 반하는 증거가 많이 제시됨에 따라 가능
론적 주장이 힘을 얻어가고 있다. Scheider et al(1997)의 연구는 사
회적 자본의 인위적 형성 가능성을 논하면서 지방 공공재 투자를
통한 사회적 자본 향상을 경험적으로 제시하고 있다. 또한 Lam(1996)
과 Ostrom(1994)도 관개 시스템 연구에서 유사한 결론에 도달하고
있다. 우리에게 친숙한 "발전국가(developmental state)[24]"에 관한

논의에서도 이른바 국가-사회 시너지(State-society synergy)[25](Evans, 1996)를 통한 사회적 자본 창출의 경험을 보여 주고 있다. 즉, 가능론의 입장에서는 사회적 자본의 저량과 유량의 관계가 절대적이지 않고 중앙정부의 투자나 지방정부의 적극적인 조정행위를 통해 유량을 증가시킬 수 있다고 본다. 물론 국가-사회 시너지의 요건이 되는 상보성과 배태성을 충족시킬 경우에 그러하다.

사회적 자본에 있어 결정론과 가능론의 논의가 지역사회의 제도적 역량에 시사하는 바는 크다. 제도의 수준에 비추어 구분해 보자면 결정론이 사회적 수준의 제도에 가능론은 조직이나 조직체계 수준에 대한 정부의 작동에 주목하고 있다. 즉, 두 가지 주장이 날카롭게 충돌하는 것이 아니라 다른 수준에 초점을 두고 있는 것이다. 따라서 각각의 시시비비를 가려내는 것은 애초에 가능한 일이

---

24) "발전국가론"은 존슨(Johnson, C.)이 출간한 "MITI and the Japanese Miracle"에서 시작한다. 존슨은 전후 일본의 경제 성장과정을 살피면서 그 특징을 개념화하면서 "발전국가"라는 용어를 쓰기 시작한다(Johnson, 1999 : 33~34). 그 이후 암스덴(Amsden, 1989)의 한국연구 "Asia's Next Giant", 웨이드 (Wade, 1990)의 대만 연구 "Governing the Market" 등으로 이어지는 일련의 이론적 궤적에 이름을 붙여 "발전국가론"이라 하고 있다. 이론의 출발에서 알 수 있듯이 "발전국가론"은 동아시아 3국(일본, 한국, 대만)의 성장을 설명하려는 시도이다. "발전국가론"에서 파악하는 동아시아 성장의 핵심적인 요인은 국가산업전략을 시행할 수 있었던 국가의 자율성과 이를 뒷받침하는 제도적 배열에 있다(Weiss & Hobson, 1995 : 161~162; 조희연, 1998 : 39~41)

25) Evans(1996)가 지적하는 국가-사회 시너지는 개발의 촉매와 같다. 국가 차원의 정부개입에서 국가와 사회 간 상보성(complementarity)과 배태성 (embeddedness)이 시너지의 관건이다. 일단 시너지를 유발하는 관-민 (public-private) 파트너십이 형성되면 협력의 규범과 시민 참여의 네트워크가 형성될 수 있다. 단 여기서 시너지는 사회적 자본을 단기간에 형성하는 도구가 아니라 잠정적 기간 동안 사회적 자본의 취약함을 대체할 수 있는 것으로 장기적 관점에서 사회적 자본의 형성을 예비하는 것이다.

아닐 뿐더러 별다른 의미를 부여하기도 힘들다.[26] 오히려 계획과정을 통한 정부의 개입과 지역사회의-좁은 의미에서의-사회적 자본을 분석적 차원에서 구분하고 양자 간 관계를 이해하는 것이 바람직할 것이다. 요컨대 제도적 역량의 동적(動的) 속성으로 지방정부의 계획과정을 두고 이것이 사회적 수준의 제도에 작동하는 능동적 특성에 주목할 필요가 있다.

2. 계획과정에서의 제도적 역량 분석: 관계자원 분석을 프레임으로

1) 제도적 역량에 대한 재해석

지식자원(K, knowledge resource), 관계자원(R, relational resource), 동원역량(M, mobilisation capacity)이 제도적 역량을 구성하는 차원으로 각각의 상호작용이 고리를 이루며 제도적 역량을 구성한다 <그림-1>. 먼저 지식자원은 계획과정에 직·간접적으로 연관된 행위자들의 지식수준을 말하는 것인데 앞서 지적한 암묵지(暗默知)와

---

26) Krishna(2000)는 이것을 수수께끼라 표현하고 있다. 사회적 자본의 유량과 저량의 불변성을 경험적으로 부정할 수 있지만 그 가정을 쉽사리 폐기할 수도 없다는 것이다. 사회적 자본의 핵심을 구성하는 신뢰나 협력은 모든 사회에 어떤 형태로든 존재하기 마련이고 그 질에 차이가 있다는 것도 의문의 여지가 없기 때문이다. Krishna는 이 문제를 해결하기 위하여 사회적 자본을 관계자본(relational capital)과 제도자본(institutional capital)으로 나누어 각각의 강약을 기준으로 한 네 가지 사회 분류를 하고 있다. 여기서 관계자본은 사회의 개인 간 관계에 기초한 것으로 신념과 가치를 그 원천으로 삼는바 가족, 윤리, 종교 등이 그 예이다. 반면 제도자본은 거래를 집합적 행위의 기초로 하여 규칙이나 절차, 제재 등을 그 원천으로 삼는 시장이나 법률 체계를 의미한다.

형식지(形式知)를 포함하는 것으로 새로운 아이디어의 창출, 전승된 지식의 일신(一新)으로 개발 가능하다. 다음으로 관계자원은 표면적으로 계획과정상에 참여하는 이해당사자의 폭을 의미한다. 하지만 그 이면에는 계획과정에 동원할 수 있었던 지식자원이 자리하고 있으며 상이한 질을 가진 지식의 교류와 학습을 전제하고 있다. 따라서 관계자원의 개발은 보다 많은 당사자의 참여와 개방적 네트워크 형성으로 가능하다. 마지막으로 동원역량이란 상기(上記)한 두 자원을 조직화해 내는 계획주체의 역량인데 본 논문의 맥락에서 보자면 신산업화 전략을 추진하는 지방정부의 능력과도 같다.[27]

여기서 지식자원, 관계자원, 동원역량의 제도수준을 따져 볼 필요가 있다. 지식자원의 경우 본래 형식지와 암묵지를 함께 이르는 말이고 지역산업화 전략의 경우 장소적 지식과 조직화된 지식 모두를 포함하므로 세 수준 모두에 해당한다. 보다 엄밀히 말해 기본적으로는 사회적 수준에서 이해할 수 있으나 특정 전략에 동원되어 가시화할 경우 조직이나 조직체계수준의 문제로 바뀔 수 있다. 이를테면 지역사회에 내재한 특유의 장소적 문화나, 뿌리 깊은 산업전통으로 사람들에게 체화된 숙련과 같은 것은 사회적 수준의 지식자원이지만 이것이 지역경제 성장전략에 동원되어 기술센터의 형태로 조직화될 경우 이는 조직수준, 조직체계수준에서 함께 바라보아야 하는 것이다. 반면 관계자원이나 동원역량의 경우 지식자원과의 관계에서 정의할 수 있지만 오히려 조직과 조직체계수준의 제도에 국한하는 것이 타당하다. 즉, 사회적 수준의 지식자원이 동원역량을 통해 조직화될 경우 조직적·조직체계적 수준의 문제로 변화하는 셈이다.

이렇게 볼 때 신산업화 전략에서 제도적 역량의 형성을 논한다는 것은 사회적 자본의 결정론/가능론 논의와 유사한 형국을 이

---

27) 이와 관련한 논의는 Skogseid & Jansen(2000) 참조.

룬다. 즉, 조직적·조직체계적 수준에서 지방정부의 동원역량과 사회적 수준의 지식자원이 이루는 상호작용이 제도적 역량을 형성하는 핵심적 국면을 이루는 것이다.

2) 계획과정과 관계자원

이상의 논의를 종합해 보면 지역의 신산업화 전략에서 제도적 역량의 형성이 관계자원의 차원에서 가시화함을 알 수 있다. 사회적 수준의 제도로 존재하는 지식자원은 동원역량의 수준에 따라 관계자원으로 조직화된다. 계획과정의 측면에서 이해한다면 두 종류의 상호작용을 생각해 볼 수 있다. 하나는 계획주체와 관계자원으로 동원된-개인을 포함한-조직 간 상호작용이고 또 다른 하나는 계획과정과 지역사회의 상호작용이다. 전자이 경우 개인 대 개인, 개인 대 조직, 조직 대 조직의 직접적 접촉에 의한 것이라면 후자의 경우 전략의 집행과 피드백에 따른 것이라 할 수 있다. 중요한 것은 두 경우 모두 상호작용을 통한 학습의 결과가 지식자원의 강화, 동원역량의 강화로 이어져 관계자원으로 구현된다는 점이다(Ghiara & Cristoforetti, 2001). 따라서 계획과정에서 관계자원의 형성과 변화를 축으로 추적하는 과정은 지식자원과 동원역량에서 나타나는 변화를 동시에 포착하도록 한다.

3) 관계자원의 형성과 그 역할에 관한 개념규정

관계자원은 제도적 역량의 가시적 측면이라는 것이 이론 연구를 통한 결론이었다. 즉, 관계자원의 변화를 살피는 것으로 나머지 두 차원을 이해할 수 있고 최종적으로 제도적 역량의 변화를 추론할 수 있다는 생각이다. 중소도시 신산업화 전략의 경우 계획과정을 통한 관계자원의 변화가 주요한 분석의 차원이 될 것이며 이는 제도적 역량의 동적 특성[28]을 반영하게 된다.

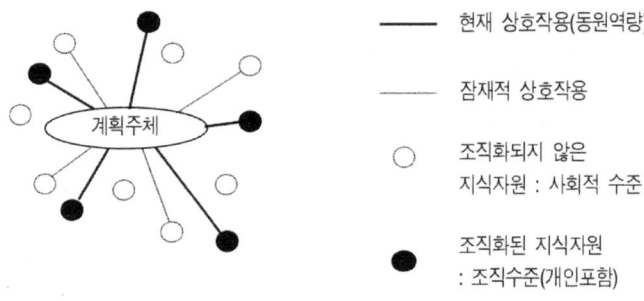

<그림-4> 관계자원을 통해 본 제도적 역량

　<그림-4>는 관계자원과 나머지 두 차원의 관계를 도해한 것이다. 그림에서 두 종류의 지식자원이 제시되고 있는데, 그 양과 질이 지식자원이라면 이를 관계자원으로 흡입하는 것이 동원역량이라 하겠다. 또한 실선으로 표현한 상호작용은 현재 계획주체와 조직화된 지식자원 간의 것이라면 점선으로 된 부분은 잠재적인 가능성을 나타내는 것이다.

　관계자원의 형성, 관계자원의 역할을 보려 한다면 단기적 성과와 장기적 전망을 나누어 이해할 필요가 있다. 단기적으로 관계자원의 형성이란 저량을 확대하는 것이 아니라 유량을 증가시키는 것으로 동원역량을 통한 것이지만, 장기적 관점에서 보자면 저량의 양과 질을 높이는 것으로 지식자원의 형성까지 포함하는 것이다. 따라서 관계자원의 역할이란 관계자원의 형성과 변화와 동일

---

28) 지역사회 제도적 역량의 유량을 의미하는 것으로 조직적 수준, 조직체계적 수준의 제도에서 발견할 수 있다.

한 것으로 특정 지점(t)에서의 관계자원이 다음시기(t + 1)의 관계자
원 형성에 기여하는 바이다. 즉 동원역량과 지식자원의 상호작용
결과 양자 모두의 향상으로 나타나는데 이것은 다시금 다음 계획
과정에서의 관계자원으로 출현하게 된다.

〈표-7〉 시간의 흐름에 따른 관계자원 분석

관계자원 분석	시간구분	
	단기적	장기적
대 상	유 량	유량과 저량
관련차원	동원역량	동원역량, 지식자원
제도수준	조직적 · 조직체계적 수준	조직적 · 조직체계적 수준 사회적 수준

4) 관계자원의 구체: 네트워크[29)]

전술한바 관계자원은 조직수준에서 이루어지는 상호작용의 산물
이다. 계획과정을 떠올려 본다면 계획주체를 중심으로 한 네트워
크에서 그 결절에 위치한 조직들이 계획주체와 가지는 상호작용의
결과물과 같다. 여기서 각 결절이 미치는 영향력에 차이가 있음은

─────────

29) 네트워크란 용어는 본래 공학 분야에서 오랫동안 전기통신과 운송 등
    복합시스템의 관리와 관련하여 사용해 왔는데 1950년대 이후 사회학자
    와 인류학자들이 사회현상을 이해하기 위한 개념으로 원용하기 시작했
    다(Mitchel, 1973). 일반적으로 사회과학 분야에서 네트워크는 특정한 형
    태의 관계들로 연결된 행위자들의 집합으로 정의된다. 네트워크에 대한
    분석적 접근에서는 네트워크를 구성하는 결절(node)과 그들 간의 '선택
    적이고 지속적이며 구조화된 관계'까지를 염두에 둔다(Jones, Hesterly
    and Bogatti, 1997; 한상영, 1999: 16). 따라서 네트워크는 정태적으로 고
    정된 것이 아니라 동태적으로 끊임없이 조직화되는 과정에 있다고 보아
    야 한다(이공래, 심상완, 1999).

자명하고 결절자체도 가변적이라 할 수 있다.

관계자원은 - 계획행위에 동원되는 정보의 출처로서 - 네트워크의 결절과 결절 간 관계라는 네트워크의 구조를 실체(實體)로 삼는데 관측의 중심에 계획주체를 상정한다. 또한 관계자원은 그 자체가 동적 특성을 갖는 것이라 시간 축을 따르는 변화의 양상을 포함한 다. 이를 도해하자면 <그림-5>와 같다.

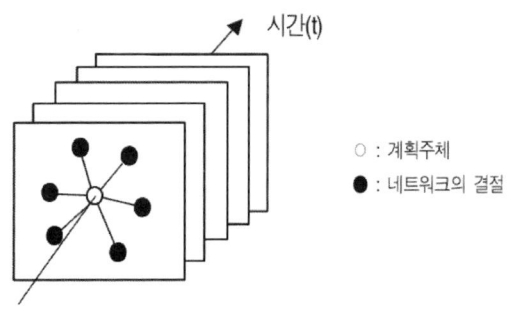

〈그림-5〉 관계자원 (relational resources)

결절에 해당하는 조직이나 개인은 조직수준의 제도로서 계획과 정에 필요한 형식적·암묵적 지식을 체계화 대상으로, 결절의 양 적 확장은 관계자원의 강화를 이야기할 수 있는 한 가지 지표이 다. 하지만 애초에 관계자원을 논하는 과정에서 상호작용을 강조 한 것은 단순한 양적 지표 이전에 성찰성의 문제를 돌아보고자 함 이었다(Healey, 1996; Ghiara & Cristoforetti, 2001). 즉 조직이나 개인이 스스로의 위치와 역할을 재정립해 가는 과정이 결절의 양 적 확장 이면을 구성하는 요소로 자리하고 있는 것이다. 요컨대 관계자원의 구체적 형태는 조직 구조로서 네트워크이고 여기에는 중심과 결절의 상호작용, 특히 결절의 능동적 위치 재정립이라는 질적인 특성까지 포함하게 된다.

3. 네트워크와 네트워크 분석

1) 네트워크 분석

일반적으로 네트워크는 위계, 시장과 함께 통치(governance)의 기본적인 양식으로 손꼽힌다(Thompson et al, 1991; Rhodes 1997). 통치의 양식으로서 네트워크는 복잡하고 다루기 힘든 문제의 처방으로 출현하는데 지식과 숙련의 공유, 상호 호혜, 행위조정 등을 그 특성으로 한다(Grimshaw, 2001: 4). 하지만 그 쓰임새가 조정양식(modes of co-ordination)으로 국한되는 것이 아니라 실제 조직수준의 관계나 사람 간의 관계는 물론 조직자체를 구체화하는 데에도 사용한다.[30]

본래 네트워크 분석은 사회학의 방법론으로 사용되어 왔는데, 합리적 개인의 선택과 구조의 요인을 동시에 파악하려는 의도에서 시작한다. 소위 사회 네트워크 분석(social network analysis)이라는 것인데, 크게 보아 사회적 사실을 분석하기 위해 네트워크의 밀도·중심성·관계성을 묘사하는 기술적 연구(descriptive analysis)와 네트워크를 분석하여 구조가 행위자들에 미치는 효과를 분석하는 설명적 연구(explanatory analysis)로 나누어 볼 수 있다(김용학, 1992: 265). 사회학 분야에서 네트워크 분석은 네트워크를 독립변수로 혹은 종속변수로 놓고 개인의 구조와의 인과관계를 해명하려는 의도를 가진다. 구체적으로 보자면 네트워크의 형태상 특성, 네트워크 내에서 행위자의 위치를 변수화하게 된다.

정책학 분야에서도 네트워크 분석을 적용하는 경우가 있는데 익

---

30) 네트워크의 종류와 수준에 대해서는 박용관(1999) 참조.

히 알려진 정책 네트워크가 대표적이다. 정책 네트워크는 정책 결정과정에 대한 민간의 참여를 그 현실적 배경으로 하는데 공공 정책 과정에서 '상호의존적인 정책 행위자들 간에 형성된 연계 집합으로서 정책 결정구조의 한 형태(정영태, 2001)'를 뜻한다. 정책 네트워크의 경우 정책 네트워크상 상호작용, 연계구조, 그 외 외적 변수의 변화를 분석하여 정책의 내용이 어떻게 바뀌는지를 도출한다. 즉, 정책 네트워크의 형태를 표현하는 몇 가지 지표를 설정하고 그 지표의 특성을 파악함으로써 정책 결과와의 인과관계를 도출하려는 시도라 할 수 있다.

본 연구에서는 제도적 역량의 형성을 확인하는 가시적인 대상으로 네트워크를 설정하고 있다. 이는 제도적 역량의 동적 특성, 즉 시간 축을 따라 변화하는 관계자원을 이해하기 위함이다. 여기서 네트워크를 분석한다는 것은 네트워크라는 변수를 설정하여 다른 무언가와 법칙성을 찾아내는 것이 아니라 관계자원의 특성과 상합하는 네트워크상 지표를 찾아내고, 이를 분석함으로써 관계자원의 변화를 이해하는 것이다. 따라서 사회학이나 정책학 분야에서 설정하는 방법론과는 차이가 있음을 지적해 두겠다.

2) 네트워크의 구성: 결절(node)과 연계(linkage)

네트워크에 대한 규정이 다양한 만큼 결절과 연계를 논하는 수준 또한 다양하다. 연계의 경우 초기에는 공식적 조직 내에서 발생하는 개인 간 비공식적 관계에 초점을 두었다. 하지만 차츰 공식 비공식을 막론하고 행위자들 간 관계의 구조를 포괄하는 것으로 관심의 폭이 넓어지게 된다. "행위자 간 독특한 관계 집합(Mitchell. 1969)",[31] 혹은 "상호작용이 포함한 한쪽의 행위가 다른 한쪽의 행위를 결정하는 인과관계의 연결(Nadel, 1957)"[32] 등은 넓은 의미의 연계를 정의하는 방식이다. 결절에 관한 접근에서도 개념이 확장되는 과정을 발견할 수 있다. 초기의 연구에서 결절이란 네트워크를 구성하는 결절을 사람에 국한하였으나 최근의 연구에서는 집합체, 조직, 사회체계 혹은 국가로 확장하고 있다(김용학, 1992; 이공래, 1999).

본 연구에서는 계획과정에서 계획주체가 정보나 지식의 출처로서 관계하는 대상을 결절로 제시한 바 있다. <그림 – 3>에서 살펴보자면 조직화된 자원[33]과 그렇지 못한 자원이 있는데 개념적으로는 이 둘 모두를 결절로 보아야 할 것이다. 이럴 경우 전자와의 연계는 (측정당시의)현재적 상호작용을 후자와의 연계는 잠재적 상호작용을 의미한다.[34]

3) 네트워크 분석을 통한 관계자원 해석

관계자원의 형성과 역할에 관해서는 이미 언급한 바 있다. 관계자원의 형성이란 조직화되는 자원의 양적 팽창과 함께 그 조직들이 자기의 위치를 재정립해 가는 질적 향상까지 고려하는 것이라 규정하였고, 계획의 집행으로 나타나는 결과가 다시 관계자원으로 조직되는 것을 동태적 측면에서 바라본 관계자원의 역할이라 하였다.

---

31) 박용관(1999)에서 재인용.
32) 같은 책에서 재인용.
33) 신산업화 전략과 결부하여 보면 다음과 같다. 신산업화 전략에서 조직화된 자원이란 계획과정에 관련한 조직수준의 제도를 뜻하는바 지방정부, 기업, 상업적 결사체, 금융제도, 개발업자, 노동조합, 연구 및 혁신센터 등이 그에 해당한다.
34) 계속해서 잠재적 형태를 설정하는 이유는 동태적 관점에서 관계자원을 바라보기 때문이다.

관계자원의 형성을 네트워크의 측면에서 분석하고자 할 때 다음의 네 가지를 기본적인 축으로 삼아야 한다.

첫째, 관계자원의 양적 증가의 경우 지식 교환의 대상을 늘어나는 것으로 네트워크의 결절이 늘어나는 것과 같다. 주지하다시피 계획과정에서의 네트워크 계획주체를 중심으로 하는 방사형을 이루는 데 계획주체와 상호 작용하는 상대 조직의 수가 증가하는 것을 관계자원의 양적 증가로 해석하겠다.

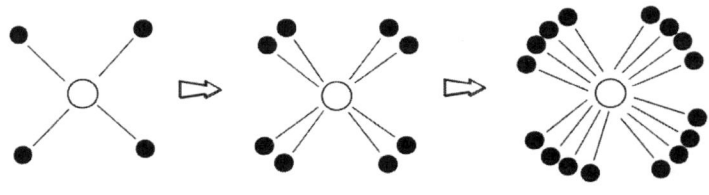

출처: Burt(1992): 64

〈그림-6〉 네트워크의 확장

둘째, 결절을 구성하는 조직의 네트워크화를 염두에 두어야 한다. 계획과정에서 네트워크가 구성되는 것과 마찬가지로 그 하위 단계에서 구성되는 네트워크 역시 관계자원의 확장으로 이해할 수 있다. 이를 도해하자면 <그림-7>과 같다. <그림-6>과 비교해 볼 때 계획주체가 연계하는 결절의 수가 현저히 감소하므로 효율적인 의사처리가 가능하다는 특징이 있으나, 효과성의 측면에서 평가한다면 반대의 결론도 가능하다(Burt, 1992).35) 하지만 두 과정이 상호 배타적이지 않으므로 동시에 진행하는 것으로 이해하는 것이 타당하다.

---

35) 효율성의 측면에서 계획주체의 전략적 고려가 가능하므로 이를 전략적 확장이라 한다.

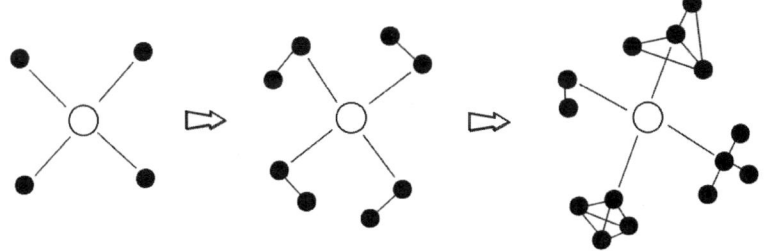

출처: Burt(1992): 68 재구성

〈그림-7〉 결절의 네트워크화 (전략적 확장)

셋째, 네트워크의 팽창이 관계자원의 양적 측면을 반영하는 것이라면 계획과정에 참여한 주체들이 스스로의 위치와 역할을 반추해 보는 성찰적 과정은 그 질(質)에 해당한다. 여기서 성찰이란 다양한 주체들이 스스로의 역할을 인식하는 것, 혹은 계획의 집행에서 영토(territory)와 자기들의 관계를 이해하는 것이라 할 수 있다(Ghiara & Cristoforetti, 2001). 이를 네트워크로 투영하여 보자면 결절에 해당하는 조직이 지역사회에서 스스로가 가지는 기능, 역할, 상징 등에 대하여 이해하는 바에 관한 것이다. 따라서 결절의 역할 변화 궤적을 따라가며 그 변화의 맥락을 결절과 계획주체의 측면에서 바라볼 필요가 있다. 넷째 네트워크의 결절 간 호혜성과 상호의존은 관계자원의 질에 대한 또 다른 측면이다. 특히 신산업화 전략이라는 것이 계획주체의 의도적 개입을 전제한 것이므로 계획주체와 결절 간 '호혜성(reciprocity)'[36]과 '상호의존(interdependency)'(Grabher,

---

36) 호혜성의 원리는 다양하게 쓰이고 있다. 한 가지 시각은 '게임이론'에서 발견할 수 있다. 이 이론은 주로 정치학이나 경제학 분야에서 발전하였는데 여기서는 등가교환을 가능하게 하는 기제로 호혜성을 개념화하고 있다. 이러한 시각에서 호혜성은 자기 이익의 추구와 전적으로 일치한다. 이외에 사회학이나 인류학 분야에서는 '받으면 돌려주어야 한다'는

1993: 8~11)에 주목해야 한다. 여기서 호혜성은 전략 집행의 과정
이 일방적 관리명령으로 진행되지 아니하고 계획주체와 결절의 관
계가 지속성을 가지게 하는 역할을 한다. 이는 참여주체의 권한을
제약할 수 있는 규칙37)이 없거나, 있다 하더라도 관행적으로 무시
할 수 있어 계획과정상 위계적 조장이 불가함을 의미한다. 또한 수
지타산을 따지는 시장적 교환행위보다는 전체 교환관계에서의 균형
을 추구하도록 하므로 사업 추진과정에서 비공식적인 합의와 계약
이 다수 존재하는 특성이 있다.

  상호의존은 호혜성에서 기인하는 관계의 지속성에서 발생한다.
상호의존은 두 독립적인 행위자가 지속적인 관계에서 파생하는 점
진적인 상호적응 과정의 산물이다. 즉, 신뢰가 형성되지 않은 단계
에서부터 시작하여 관계를 확대하고 더 큰 거래를 쉽게 결정하는
단계로 이행하면서 갈등하고 조정하여 문제를 해결해 나가는 동안
형성되는 것이다. 이러한 상호의존성은 관계가 지속되는 동안 결
절들 사이에서 발생하는 목표의 공유를 통하여 결절들 간에 발생
하는 상호적응 과정을 통하여 이해할 수 있다.

  일종의 도덕적 규범이 관련 당사자 간의 관계를 유지하는 측면을 강조
한다. 이를테면 선물을 교환하는 것이 경제적 타산에 근거한 것이 아니
라 서로 간의 특별한 관계를 확인하고 유지하는 행위로 이해할 수 있다.
37) Margerum & Born(2000: 10)은 조직 간 협력을 구성하는 규칙으로 범
  위(scope)규칙, 지위(position)규칙, 경계(boundary)규칙, 정보(information)
  규칙, 결정(decision)규칙을 제시하고 있다. 여기서 권한규칙은 협력과정
  에서 조직 간 지위와 행동에 대한 제약을 명시하는 규칙으로 정의할
  수 있다. 남원석(2001)은 권한의 대칭성 / 비대칭성으로 조직 간 협력의
  원활함으로 비교하고 있는데, 본 연구에서는 비교를 목적으로 하지 않
  으므로 권한규칙의 공식성과 관행을 기준으로 판단하고자 한다.

제4절 개념적 틀 구성

지금까지의 이론 연구를 통해 지역경제 성장의 내적 동력으로 제도적 역량과 관계자원, 그리고 그 구체적 형태로서 네트워크를 고찰해 보았다. 본 절에서는 이론적 이해를 바탕으로 중소도시 신산업화 전략에서 관계자원의 형성을 분석하기 위한 개념적 틀을 제시하고자 한다. 본 연구의 목적은 지역의 신산업화 전략에서 제도적 역량의 형성을 살피는 것이고, 제도적 역량 형성을 네트워크 맥락에서 이해하려는 것이다. 사례 연구는 크게 두 단계로 구성할 수 있는데, 첫 번째 단계는 사례지역의 기술궤적을 밝혀 기왕의 지식자원이 무엇인지 도출해 내는 과정이고, 다음 단계는 네트워크 분석을 통해 제도적 역량의 형성과정과 역할을 이해하는 것이다.

1. 지역사회 산업화의 기술궤적

기술궤적은 앞서 정의한 지식자원을 이해하기 위한 분석범위이다.[38] 지역사회는 저마다의 지식자원을 축적해 오게 마련인데 그

[38) 동원역량의 차원을 거론하지 않는 것은 신산업화 전략의 추진이 가지는 경로 파괴적 속성 때문이다. 본 연구를 예로 들자면 지방단체장 선거 이후 춘천시에서 추진한 멀티미디어산업 육성 계획에서 기존의 지방정부 관행을 깨뜨린 것은 춘천시장의 리더십에 있다는 것이 관계자들의 중론이다. 김정수(1999)에 따르면 균형상태에서는 효율적 지원할 당에 적합한 교환적 지도자가, 정책적 혼란기에는 조직의 방향을 전환하고 개혁할 기업가적 지도자가 적실하다. 춘천의 경우 이러한 논의에 전형적인 사례로서 과거 통치구조와는 사뭇 다른 형태의 구조가 등장하게 된다. 즉, 통치구조나 정책레짐 등에 포커스를 둘 경우 기존의 경로와는 다른 형태의 것이 등장했다는 사실과 그 원인에 대한 분석이

지식자원의 양과 질은 그 나름의 경험에 따라 달라질 수 있다.[39] 따라서 새로운 산업체계가 이식될 기왕의 기술궤적을 검토하는 것은 산업화 전략 초기의 잠재적 지식자원을 밝혀주므로 관계자원 형성의 배경을 이해하는 데 전제로 삼아야 한다. 이를 위하여 지역사회가 지녀온 기왕의 산업구조(industrial structure)[40]를 따져 보고 그 특성에서 기인하는 나름의 궤적을 규정해야 한다. 기존의 산업구조를 확인하는 것은 어떤 산업이 지역사회를 지배하였는지, 그 산업과 관련한 어떤 기관이 자리하고 있었는지에 대한 단서가 될 수 있기 때문이다.

기술궤적의 구체(具體)로 산업구조를 볼 때 이를 측정하는 기준은 두 가지가 있다(박은태 편, 1978: 369). 하나는 그 산업의 생산액(또는 부가가치)을 기준으로 하는 것이고, 다른 하나는 그 산업

필요하다. 하지만 본 연구에서는 지방자치제의 전면화와 이로 인한 새로운 통치구조, 정책레짐의 등장 등을 주요 대상으로 삼지 않으므로 리더십이라는 우연적 요소는 배제함이 타당하다.

39) 이러한 경험은 앞서 언급한바 지역의 기술궤적(OECD, 1992)이나 경로(최송락, 2000; Magnusson & Ottosson, 1996) 등의 개념으로 나타낼 수 있다.

40) 본래 산업구조라는 용어는 다음의 두 가지 개념으로 사용된다(박은태 편, 1978: 369). 첫째, '제 산업 간의 구조(inter-industrial structure)', 즉 산업 상호간의 구성비율관계를 말한다. 페티의 법칙 또는 호프만의 법칙, 나아가 레온티에프의 산업연관표상에 나타나는 산업구조는 이러한 의미의 개념이다. 둘째, '산업의 구조(structure of a industry)'라는 의미로 사용되기도 한다. 로빈슨(Robinson, 1950)의 '경쟁적 산업의 구조'는 이것의 전형이다. 따라서 산업조직론에서 사용하는 산업조직 개념은 로빈슨 류의 산업구조와 같은 내용이다. 여기서는 특정산업에서의 기업 수, 생산 집중도, 진입장벽, 수요 집중도, 진입장벽, 수요의 강도 및 성장률 등과 같은 문제가 분석대상이 된다. 본 연구에서는 전자의 경우를 따르되 경제구조와 공업구조의 중간수준으로 사용하겠다. 이를테면 경제구조에서 금융구조와 같은 것을 제외한 것이며, 제조업 내의 업종별 구성을 나타내는 공업구조만을 의미하는 것도 아니다. 일반적으로 사용되는 구조의 구성으로는 1차 산업, 2차 산업, 3차 산업의 분류가 있다.

에 종사하고 있는 취업 노동력을 기준으로 하는 것이다. 본 연구에서는 기술의 궤적을 도출하기 위하여 산업구조 분석을 이용하여 후자를 기준으로 삼겠다.

요컨대 지역의 기술궤적은 해당지역사회에 누적되어 온 기술과 지식의 체계이고 이것은 그 지역의 산업구조 변동을 살핌으로써 파악할 수 있다. 여기서 산업구조의 변동을 구체화하기 위하여 몇 가지 분석의 단계를 설정할 필요가 있다. 지역의 산업구조를 밝히는 것은 기본적으로 1차·2차·3차 산업의 비율을 살피는 데에서 시작한다(조헌수, 1995). 다음으로는 전체구조를 구성하는 주요 산업부문의 현황을 기술하고 그들 간 관계를 검토할 것이다. 이는 산업구조상 특징을 통한 기술궤적 분석에 보다 구체적인 정보를 제공할 수 있을 것이다.

2. 제도적 역량(관계자원)의 형성과 역할: 네트워크의 확장과 결절 간 상호작용

다음으로는 실제 산업화 전략 수행과정에서 네트워크의 확장과 변화에 대한 본격적인 분석과 평가를 진행할 것이다. 이 단계는 본 연구의 핵심을 구성하는데, 구체적으로는 네트워크의 확장, 계획주체와 결절의 호혜성과 상호의존, 결절 스스로의 네트워크 형성과 역할 재정립 등을 그 대상으로 한다. 여기서 네트워크의 확장은 네트워크의 형태상 특징을 나타내고, 호혜성·상호의존성과 결절의 역할 재정립은 질적 측면을 나타낸다. 전자의 경우 계획주체와 상호 작용하여 정보를 주고받는 대상의 수(數)를 통해 이해할 수 있는 반면, 후자의 경우 실제 상호작용의 내용과 서로 간 관계, 각각의 역할 분담 등을 통해 간접적으로 파악하게 된다. 본 연구에서는 반복되는 전략 수립·진행에서 네트워크의 변화에 주목한다. 시간을 두고 진화하는 네트워크를 분석함으로써 제도적 역량의 형성을 이해하고, 각각의 네트워크가 다음의 네트워크에 기능하는 바를 분석함으로써 제도적 역량의 역할을 조명하고자 한다.

본 연구에서 설정하는 네트워크 분석의 범위와 그 대상을 정리하면 다음과 같다.

〈표-8〉 네트워크 분석의 범위

분석의 범위		분석의 대상
형태상 변화	결절의 수	▶계획주체가 정보의 출처로 삼는 개인이나 조직
	결절의 네트워크 재생산	▶결절이 정보의 출처로 삼는 개인이나 조직
질적 특성	결절과 계획주체의 호혜성과 상호의존	▶권한규칙의 공식성과 관행적 쓰임새 ▶사업 추진과정에서 나타나는 비공식적 합의 ▶목표의 공유 ▶지속적인 관계에서 나타는 상호작용
	결절의 능동적 역할 재정립	▶결절을 구성하는 개인과 조직의 역할 변화 ▶비공식조직의 공식화 ▶조직의 확대 개편

분석의 초점은 크게 두 가지로 나뉜다. 첫째, 제도적 역량의 형성과정을 규명하는 것이다. 엄밀히 말해, 제도적 역량은 이미 모든 지역에 존재하는 것이므로 그 변화를 해석하는 것과도 같을 수 있다. 상기한 네트워크 분석의 지표를 산업화의 경로를 따라 적용함으로써, 사례지역 특유의 형성과정을 도출할 수 있을 것이다. 또한 사례지역 제도적 역량 형성의 특징을 살펴 신산업화 이후 제도적 역량 형성의 경로를 파악할 수도 있다.

둘째, 제도적 역량의 역할을 규명하는 것이다. 제도적 역량이 매우 동적인 특성을 가지므로 다양한 역할을 지적할 수 있겠지만, 본 연구에서는 제도적 역량 형성의 누적적 과정에서 시기별 진화에 기능하는 바와, 전체 기술궤적상에 미치는 영향을 중심으로 살펴볼 것이다. 전자의 경우 사례지역산업화를 몇 단계로 구분하여, 이전 단계에 형성된 제도적 역량이 현재 단계에 미치는 영향을 검토하는 방식으로 반복적으로 시행할 것이다. 후자의 경우 각 단계에서 나타나는 특징을 살펴보되, 산업화 과정 전체를 평가하는 데에 중점을 두겠다.

3. 연구의 개념적 틀

이상의 논의를 정리하여 분석의 개념적 틀로 도해하자면 다음의 <그림 - 8>과 같다.

그림은 춘천지역 기술궤적과 제도적 역량을 분석하기 위한 연구의 대상을 밝히고 있다. 특히 제도적 역량의 형성과 역할을 도해한 그림은 네트워크의 진화를 전제로 한다. 각 네트워크는 일정한 연속성과 단절성을 동시에 가지는데, 네트워크 내 결절 수의 변화나 역할의 재정립과정을 통해 진화 패턴을 이해할 수 있다. 각 네트워크 내의 결절은 변화할 수도, 변화하지 않을 수도 있다. 또한 이전 네트워크에 없던 결절이 추가될 수도 있다. 네트워크 2의 결절 3은 네트워크 1에서는 확인할 수 없었던 것으로 새로운 결절의 등장을 의미한다. 또한 결절에 '*'을 표시하여 결절의 역할 재정립을 볼 수 있게 하였다.

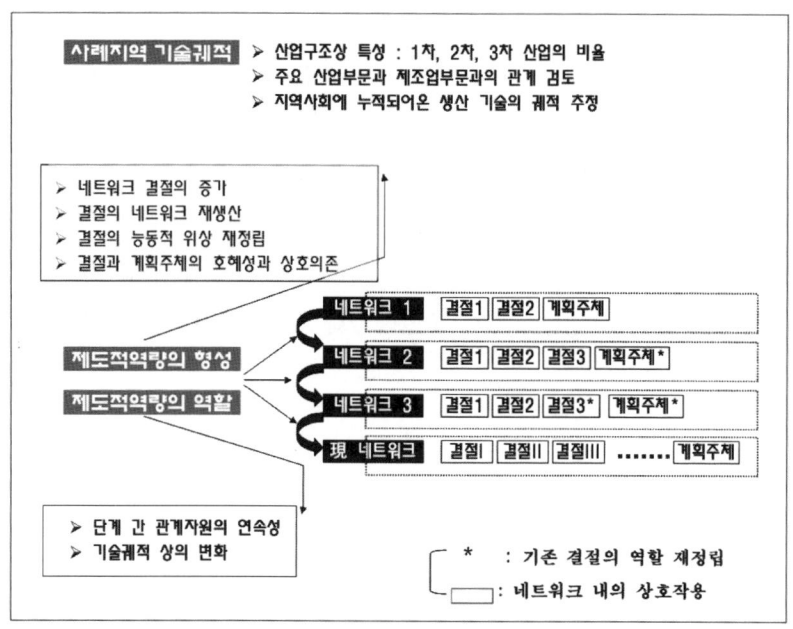

〈그림-8〉 연구의 개념 틀

제3장

춘천지역의 기술궤적 검토

본 장에서는 신산업화 전략 추진 이전에 춘천지역의 기술궤적을 밝히고자 한다. 앞서 보았듯이 지역의 기술궤적을 살피는 것은 신산업화 전략에 동원된 지역 내 지식자원에 역사적 맥락을 부여하고자 함이다. 신산업화 전략 초기 관계자원이 기존의 지식자원과 동원역량에서 무관하지 않은 다음에야 이를 이해하고 분석하는 것은 관계자원 형성을 추적하는 데에 실마리가 될 수 있다. 그 흐름은 다음과 같다.

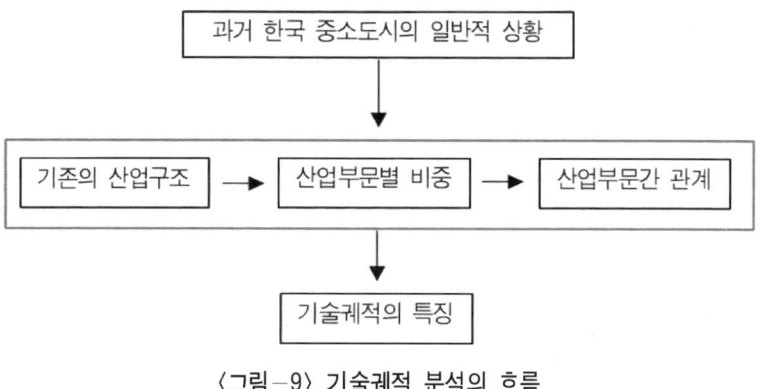

〈그림-9〉 기술궤적 분석의 흐름

따라서 본 장의 연구 과제는 다음의 세 가지로 정리해 볼 수 있다.
첫째, 과거 중앙정부의 산업화 추진에서 중소도시의 위치를 확인하고 사례지역이 내재하는 보편적 경향을 도출하겠다.
둘째, 춘천지역의 기존 산업구조를 확인하고 지배적인 산업부문

이 무엇인지, 그리고 그 부문과 여타 부문과의 상호관계는
어떠한지를 살핀다.

셋째, 이상의 결과를 토대로 춘천지역의 기술궤적상 특징을 개
괄한다.

제1절 산업정책의 지방화와 중소도시 신산업화 전략

1. 중앙정부 주도의 산업화와 지역 간 불균등

한국의 산업화에 있어 국가차원의 개입이 주요 벡터였다는 것은
주지의 사실이다. 60년대 초반까지 가장 빈곤한 국가였던 한국이
IMF이전 세계 10위권의 무역 국가로 성장하면서 이와 유사한 몇몇
의 나라들을 묶어 "발전국가"라 부르는 일군의 학자들이 생겨날 정
도였다. 소위 "발전국가론"이라 불리는 논의에서 대상으로 하는 국
가에 따라 다소 차이를 보이긴 하지만 중앙정부의 의도적 개입과
계획행위의 자율성이 성장의 열쇠였다는 사실에는 이견이 없다.[1]

---

1) 동아시아 경제 성장에 관한 논의 중 발전국가론이 주목을 받는 이유는
동아시아의 사례에서 추상화되어 가는 이론이기 때문이다. 그만큼 사례
지역이 되는 일본, 한국, 대만 등의 현실에 부합하고 이론으로서의 적실
성을 가지게 되는 것이다. 굳이 범주화하자면 발전국가론은 신국가주의
적 접근으로 분류할 수 있는데, 신국가주의에서는 '정부와 산업 간의 경
쟁적 협조와 그 시너지'를 강조하고 산업 발전에 대한 국가개입의 '질'
을 중요시한다. 따라서 신국가주의적 접근에서 중요한 것은 국가 정치제
도의 배열(arrangement)이다. 이외에도 시장의 실패와 이에 대한 개입주
의적(interventionistic) 국가를 상정하는 구조주의적 접근과 작은 정부론을
주창하는 자유주의·시장주의적 접근도 있다(L. Weiss, J. M. Hobson :

국가 주도의 경제 성장을 총량적 측면에서 긍정적이라 할 수도 있지만 그 내부를 들여다보면 전형적인 제로섬(zero-sum) 성장의 병폐를 내재하고 있다. 지역 간 불균등 성장이 자본주의 체제의 산물이라지만(Massey. D., 1984), 한국의 경우 국가의 의도적인 불균등 성장전략으로 인해 지역 간 격차가 생산되었다고 보아야 할 것이다. 국가의 산업화와 공간전략을 구체적으로 보면 경제개발 5개년 계획과 국토종합개발계획의 쌍으로 요약할 수 있다. '국가는 산업화를 주도하면서 10년을 주기로 그 전략을 달리해 왔다(고경민, 1998). 경공업중심의 단순 조립가공 산업화를 추진했던 1960년대에는 주로 수도권과 영남의 일부 대도시지역에 섬유, 신발 등의 생산단지가 조성되었다.

1970년대에 들어 정부는 중화학공업을 주장하면서 제1차 국토종합개발계획을 수립하는데 여기서 지역 개발을 위한 지역정책과 개발모형을 처음 제시하고 있다. 이에 따라 동남해안 지역에 생산재를 주로 담당하는 대규모 공업단지가 들어서면서 수도권의 경공업과 공간분업을 이룬다.

1980년대 중반 당시 한국경제는 저임금·단순 조립의 대량생산체제를 기반으로 삼고 있었다. 하지만 선진국의 신보호무역정책과 후발국과의 경쟁압력 상승으로 인해 새로운 국면이 도래하고 이른바 '산업합리화' 정책이란 것을 도입하기에 이른다. 산업합리화 정책은 사양산업 축소, 기존제조업의 첨단화, 그리고 지식정보 집약산업으로의 전환을 골자로 하는 데 지방 거점도시를 축으로 하는 광역개발과 맞물려 들어간다.

137~139). 하지만 구조주의적 접근과 시장주의적 접근은 각각 구조와 시장이라는 도그마에 빠져 현실을 설명하는 데에 큰 한계를 보인다는 평가를 받고 있다.

한 가지 특징적인 것은 한국 산업 발전과정에서 정부의 산업입지 정책들이 한결같이 공단개발로 일관한다는 점이다. 정부의 공업입 지정책은 사회기반시설을 공급하는 데에 주안점을 두고 있던바 시 기별 산업구조의 변화에 맞추어 해당 산업의 입지에 필요한 기반시 설을 공간적으로 집적시키게 된다(국토개발연구원, 1996: 146~147). 이른바 공업단지[2]중심의 입지정책에서 모든 권한은 중앙정부에 있 다고 보아도 무방할 것이다.[3] 다음의 <표-9>는 한국의 산업 발전 과정에서 국가의 입지정책이 어떤 변화를 보였는지 도해하고 있다.

〈표-9〉 한국의 산업 발전 과정과 입지정책의 변화

연 대	1960년대	1970년대	1980년대	1990년대
경제 발전 과정과 주요 산업정책 추이	산업 발전 기반형성기 · 경공업중심의 수출산업화 추진 · 사회간접자본의 기반확대 · 산업의 기반확충	중화학공업 기반확충기 · 기초소재(철강, 시멘트. 석유화)의 수입대체산업 육성	산업구조조정기 · 중화학공업의 구조조정 · 일부 특화사업 및 중소기업의 활성화	산업 발전의 도약기 · 지식 집약산업의 기반구축 · 서비스화 중심의 소프트웨어형 산업 육성
산업입지 정책	· 수출산업공단 개발 · 대도시공업지역 개발	· 동남해안산업기지개발 · 중화학공업단지개발 · 지방중심도시공단개발	· 기존공업단지의 내실화 · 농공단지개발 · 대도시 공업 정비	· 서남해안국가공단개발 · 과학산업단지개발 · 민간공업단지개발

출처: 대한 상공회의소, 1995: 75

---

2) 1995년에 '공업입지및개발에관한법률'을 '산업입지개발에관한법률'로 개정하면서 공업단지라는 용어 대신에 산업단지라 하고 있다. 본 논문에서는 보다 익숙한 용어인 공업단지를 사용하겠으나 정식 명칭은 산업단지라는 점을 분명히 한다.
3) 95년에 개정된 법안에 따라 지방산업단지의 지정이 시·도지사에 위임되긴 했지만 건설교통부의 승인이 있어야만 하는 절반의 위임에 불과하다.

　문제는 철저한 중앙정부 중심의 개발과정에서 특정지역에 대한
편중 투자로 일관하고 있다는 점이다. 지방중심도시의 공단개발은
이미 70년대 산업입지정책의 골자를 이루고 있지만 편중 투자의
문제는 80년대로 넘어서까지 해결되지 않았다. 다음 <표-10>은
이러한 사실을 명확하게 제시하고 있다.

〈표-10〉 지역별 국토개발 투자액(1982 ~ 1988) 비교

지역별	국토개발비(억원)		면적(㎢)		면적당 투자액(100만 원)	
	액 수[1]	비 율	면 적[2]	비 율	액 수	비교지수[3]
수도권	304,740	38.9	11,713	11.8	2,909	330
영남권	236,600	27.0	32,208	32.5	735	83
호남권	117,390	13.4	20,362	20.5	577	65
충청권	83,224	9.5	16,292	16.4	511	58
강원·제주	33,265	3.7	18,724	18.8	178	20
지역구분불능	64,827	7.4	-	-	-	-
계	876,046	100.0	99,300	100.0	882	100

주: 1) 투자액: 1991년 불변가격 　　　　　　　자료 : 김영정, 1997 : 191
　　2) 면적: 1991년 기준 면적
　　3) 비교지수: 전국 평균을 100으로 보았을 때 각 지역 투자비율

　1982~1988년 사이의 투자액은 수도권에 38.9%, 영남권에 27%
가 각각 배분되어 있어 전체 투자액의 65.9%에 달한다. 단위 면적
당 투자액으로 환산할 경우 수도권과 영남권으로 편중하고 있는
상황이 더욱 두드러진다.

　요컨대 과거 중앙정부 주도의 발전국가 패러다임은 구조적으로
지역 간 불균등을 내재하고 있었다. 정치적 편향의 문제를 뒤로하
더라도 이미 우선투자 지역으로 지속적인 투자가 이루어질 수밖에
없음은 자명하다. 결국 대다수 지역은 모양새를 갖춘 산업화에 접

근하지 못하였으며 이는 산업정책의 지방화라는 전환의 기회에 제약이었음을 어렵지 않게 짐작할 수 있다.

2. 산업정책의 지방화

전술한바 중앙정부 주도의 하향적 정책은 90년대에 들어, 특히 지방자치제의 도입을 전후하여 큰 도전에 직면한다. 산업정책의 지방화라는 새로운 국면으로 진입하게 된 것인데, 국가산업정책에 있어 지방(地方)의 위상 제고(提高)는 외적 환경변화와 내적 동기부여의 두 가지 측면에서 이해할 수 있다.

첫째, 1995년 WTO(World Trade Organization) 체제의 출범으로 국가의 보조금 지급이 엄격히 제한되어 나타나는 소극적인 대응으로 해석할 수 있다(임정덕·최병호, 1996; 박원석, 1997). WTO 체제는 국가가 산업을 육성하고 지원하기 위해 사용했던 보조금 지급을 금지하고 있다.[4] 이는 국내산업이나 수출에 대한 정부의 지원을 금지하는 조항으로 그간 "발전국가"적인 산업화를 주도했던 국가의 자율성(autonomy, 自律性)을 심각하게 제약하는 바이다. 과거 GATT 체제하에서 특별차별대우를 받던 개도국의 입장에서는 본격적인 경제적 세계화에 편입되는 결과로 나타난다. 한국의 경우에도 "발전국가론"에서 주목하던 강력한 산업정책이 연구 개발지원과 지역 개발지원 등 보조금 예외조항으로 국한될 수밖에 없는 강제(强制-imperatives)에 직면하게 되었다. 결국, 세계화를 표상(表象)하는 WTO 체제의 출범은 국가 주도의 성장전략에 제도

---

4) 보조금 금지에 관한 WTO 규정은 대외경제정책연구원(1994, pp.254~259).

78

적(制度的) 제동장치로 작동하여 지방주도 산업화로의 수동적 선회를 일으킨 주요 벡터(vector)라 할 수 있다.

둘째, 생산 패러다임의 변화에 대응하는 적극적인 전략으로 이해할 수도 있다(권태준, 1998 : 27). 유연성이 강조되는 새로운 기술 - 경제 패러다임은 과거 국가단위의 거시적 조절체제보다는 기민하고 미시적인 조절체제가 필요하다. 또한 중소기업의 집적과 생간 네트워크의 학습과정(learning process)이 국지화되는(localized) 경향이 강조되면서(Maskell & Malmberg, 1999) 개별기업들의 사정에 민감한 소규모의 지방정치 - 경제제도가 경쟁력을 가지리라는 기대감이 자연스레 형성되었다. 근자에 장소마케팅(place marketing)이나 지역혁신체계(RIS, regional innovation system), 그리고 지방통치체제(local governance)에 대한 논의가 중앙정부 관계부처나 관련학계에서 활성화되는 것도 같은 맥락에서 이해할 수 있다. 즉, 경제의 세계화에 대응하는 적극적 전략으로서 산업의 지방화(localization)가 대두되고 있는 것이다.

3. 중소도시 신산업화 전략

지방화라는 것이 지역사회 공동체가 중앙집권의 질서에서 벗어나 스스로의 자율성을 회복하는 과정과 그 결과를 지칭하는 것이라면(임희섭, 1994, p.431) 경제 발전을 위한 산업정책의 수립과 집행에 관한 지역사회의 역량과 자율성이 관건이다. 문제는 "발전국가"적인 국가 주도의 성장전략의 역사에서 지역 간 불균형이라는 유산이 승계(承繼)되어 온 데에 있다. '지방화 시대'라는 구호속에서 공정한 기회가 주어진 듯하나 산업화의 세례를 받은 지역과 그렇지 않은 지역 간에 역량의 차이가 있음은 당연하다. 도시별 경쟁력이나 성장의 잠재력이 한결같지 않음은 여러 보고서에서 지적하고 있는 바이다. 즉, 본격적인 '지방화'에 충실할 수 있는 지역은 상당히 제한적이며, 모자란 역량은 중앙정부로부터 지원으로 보전(寶殿)하는 형편이다. 이것이 산업정책으로 구체화되어 중앙정부의 부처별 투자재원5)을 유치하기 위한 지역 간 경쟁으로 나타나게 된다.6) 국가적 차원에서야 산업정책의 외피가 바뀌어 나타나는 하부체계 간 경쟁으로 단순화할 수 있는 문제이나, 해당지역 수준에서는 그리 간단하지 않다. 국가적 육성 산업을 유치하기 위해 지방정부는 물론 지역언론, 학계, 지역 시민단체 등이 일사분란하게 움직여 나간다.

지난 5년여의 시간이 중소도시에 기회의 시간이었음은 틀림없

---

5) 과학기술부에서 지정하는 첨단과학산업단지, 정통부의 멀티미디어 촉진지구, 문화관광부의 영상산업도시지정 등 특정지역에 대한 행·재정적 지원을 말함이다.

6) 경쟁이 촉발할 수밖에 없는 여러 이유가 있지만 그중에서도 두드러지는 것은 지방정부 재정수단의 한계이다. 재정수단은 크게 제도적 측면과 재원적 측면으로 나누어 볼 수 있다. 우선 제도의 문제는 지역경제정책의 주체적인 역할을 누가 수행하는가와 관계되어 있다. 따라서 지방정부가 주체가 된 지역경제정책을 위해서는 지역에 따라 차별화된 제도가 필요하며, 지역에 따라 차별화를 가능하게 하는 지방정부의 권한이나 기능이 법적·제도적으로 보장되어 있어야 한다. 재원의 문제는 정책에 필요한 재원을 지방정부가 어떠한 경로로 어느 정도 마련할 수 있는가 하는 문제와 관련되어 있다. 지방정부가 실제로 지역경제 등 각종 투자사업을 수행하는 데 필요한 재원을 자체적으로 조달하는 능력을 기준으로 하여 이를 가늠해 볼 수 있다. 그런데 한국의 중앙정부가 채택할 수 있는 정책수단을 생각해 볼 때 수단의 성격과 분야는 다양한 편이지만 정작 지방정부에는 제한적이다(김렬, 1997). 대부분의 정책수단이 중앙에 집중되어 있을 뿐만 아니라 지방자치단체의 관련조직, 기능 및 재정이 매우 취약하기 때문에 지방자치단체가 독자적으로 지역경제 발전을 지원할 수 있는 여건은 마련되어 있지 않다.

다. 활발한 개발전략이 수립되어 온 바도 사실이다. 지방정부는 물론 지역사회의 여러 주체들이 새로운 산업을 유치하여 지역경제를 활성화하고자 매진하였다. 그러나 이에 대한 평가는 그 지역 안에서도 엇갈리는 실정이다. 따라서 지방정부를 중심으로 한 중소도시 신산업화 전략을 객관적으로 이해하기 위해서는 산업의 지방화가 실현되고 있는 구체적인 현실을 이해해야 한다. 즉, 지방정부의 입장에서 국가적 육성사업에 목을 맬 수밖에 없는 제도적 제약, 산업을 육성하기 위한 재정적 뒷받침을 전적으로 중앙에 의존해야 하는 한계 등을 전제해야 할 것이다. 본 장에서 다루고자 하는 춘천지역의 기술궤적은 이상에서 논한 보편적 맥락하에서 사례지역의 특수한 누적적 특성을 도출하고자 함이다.

제 2 절 춘천지역의 산업과 기술궤적

1. 춘천지역의 산업구조

1) 춘천지역7) 산업구조(해방 이후 ~ 1995)

대부분의 중소도시와 마찬가지로 춘천지역 대부분의 개발은 중앙정부의 지휘하에 이루어져 왔다. 개발제한구역 지정, 상수도보호구역 설정, 도시발전 기본방향의 지정, 도시건설 계획 등은 지역사회 발전에 기본방향을 좌우했다. 지방정부는 그 태두리 내에서 개

---

7) 앞서 '지역'을 개념적으로 정의한 바 있으나 이후의 사례 연구에서는 편의상 행정구역상 춘천시를 춘천지역과 동일한 것으로 취급하겠다.

발계획을 수립하고 여론을 반영하려 노력하였지만 지역사회의 요구가 중앙정부 및 수도권의 정책 기조와 상충하는 것이라 실효를 거두기 힘들었다(한림대 사회조사연구소, 1991: 227). 특히 개발제한구역과 상수원보호구역이라는 짐은 춘천지역의 산업화에 커다란 제약으로 작용하였다.

해방을 맞이하면서 강원도 여타 지역과 마찬가지로 춘천지역 역시 산업화 수준이 매우 낮았다. 식민지 시기 일본자본에 종속되어 있었던 터라 해방 이후 자립적인 경제기반을 갖추기에는 여러 모로 어려웠다. 회사투자의 90% 이상을 점하던 일본인 기술자들의 퇴진은 공업생산력의 위축에 결정적 요인으로 작용하였다. 그나마 명맥을 유지하고 있던 것이 제사(製絲)와 펄프공업이었는데 강원도 내 수요를 충당하기도 힘든 생산능력을 보유하고 있었던 바, 춘천방직공장이 도내 제일이었음에도 근근이 가동하는 실정이었다(강원도, 1995).

1960년대 들어 춘천 주변에 춘천·의암·소양강·화천 등의 수력발전소가 건설되면서 한국 최대의 수력전원지대로 자리잡게 된다. 이는 1969년부터 조성된 춘천경공업단지 후평공단의 물리적 기반으로 작용하게 된다. 당시 섬유, 화학, 기계 등 총 35개 업체를 유치하는데 이것이 1980년대 초까지 산업구조상 제조업 비중을 최소수준에서나마 유지할 수 있게 한 동력이 되었다. 하지만 이 또한 기술수준이 낮은 산업들로서 투자한 외부 자본이 철수함에 따라 유명무실하게 되었다(춘천시, 1996a).

1970년대 이후 춘천의 산업구조는 그야말로 소비도시의 전형을 이룬다. 다음의 <표-11>은 춘천시 산업별 인구 구성을 보여 주고 있는데 3차 산업의 비중이 절대적으로 우세함을 알 수 있다.

<表-11> 춘천시 산업별 인구분포(%)

	1980	1985	1995
1차 산업	9.4	7.1	0.1
2차 산업	16.2	10.4	19.3
3차 산업	74.4	82.5	80.6

자료: 각 연도 춘천시 통계연보

이러한 상황은 지방자치단체장 선거 직후인 96년까지 지속되는데 96년도 현재 전체 피고용자 가운데 제조업 종사자의 비율은 9%에 불과하여 춘천경제에서 제조업이 대단히 주변적 산업이라는 것을 알 수 있다. 더욱이 제조업 업체 중 300인 이상을 고용하는 업체는 1개 업체에 불과하여 제조업의 영세성을 여실히 드러내고 있다(한림대사회조사연구소, 1999).

요컨대 춘천지역의 산업구조는 낮은 제조업 비중, 사업체 규모의 영세성, 고기술 첨단산업 미비, 서비스 중심의 구조 등으로 특징지어진다(춘천시 1997). 70년대 이후 기존의 섬유산업을 제외한 신규산업이 지역사회에 진입하지 못하고 서비스업 중심의 산업구조가 정착한 데에는 지역사회를 제약하는 외부 제도적 요인이 강했다. 앞서 언급한바 개발제한구역 설정과 상수원보호구역 지정이 그것이다.

2) 산업화의 외부 제약

(1) 개발제한구역

춘천은 청주, 전주와 함께 1973년 도청소재지의 시가지 확산 방지를 이유로 개발제한구역에 묶이게 되었다. 익히 알려져 있다시피 개발제한구역 내에서는 정부의 특별한 허가가 없는 한 대부분

의 도시적 토지이용이 불가능했다. 즉, 건축물의 건축, 공작물의
설치, 토지의 형질변경이나 면적분할, 또는 도시계획사업을 시행하
고자 할 경우 관할 시장이나 군수의 허가를 받아야 한다. 규칙에
포함되어 허가가 가능한 사항이라도 경미한 것을 제외하고는 건설
부장관의 사전승인이 있어야만 한다(국토개발연구원, 1996). 따라
서 개발제한구역에 대한 지역차원의 개발은 사실상 불가능했다고
평가할 수 있다.

　문제는 춘천시 도시지역 내 녹지와 개발제한구역의 비율이다.
1995년 현재 용도지역별 토지이용 현황을 보게 되면 자연녹지가
91.9%, 생산녹지가 2.23%로 녹지지역이 94%를 차지하고 있는데
그 대부분이 개발제한구역에 묶여 있다.

〈표-12〉 도시지역 내 용도지역 현황

지역별	계획면적(㎢)	구성비(%)
일반주거	16,257	4.89
준주거	0.447	0.13
일반상업	1,287	0.39
일반공업	1,520	0.46
자연녹지	305,296	91.90
생산녹기	7,409	2.23
계	332,216	100.00

자료: 춘천시, 1997: 32

　춘천시 전체 면적에서는 개발제한구역의 면적이 26.3%에 불과
하지만 나머지 66.2%는 임야지역으로(춘천시, 1997: 32) 산업활동
에 적합하지 않은 토지이다. 따라서 개발제한구역은 공장부지 확
보 제약하여(유상엽·심종섭, 1991: 61) 산업화를 방해하는 토지이
용상 제도적 환경으로 볼 수 있다. 요컨대 춘천권에 개발제한구역

이 설정된 1973년 6월 27일부터 해지되기까지 30여 년간 춘천지역산업화는 중앙정부의 제도적 제약하에 놓여 있던 셈이다.

(2) 상수원 보호구역 지역

춘천지역산업화에 있어 토지이용상의 한계가 개발제한구역이라면 산업의 부문을 제약하는 것이 수도권의 상수원이라는 꼬리표이다. 엄밀히 말하여 춘천은 서울 및 수도권의 상수원보호구역은 아니다. 다만 춘천은 수도권 상수원의 원류지역으로 이 지역의 수질이 수도권에 직접 영향을 주기 때문에 산업단지나 관광단지 조성에 대한 정부의 허가를 기대하기 힘들었다. 또한 상수원보호구역으로 지정되지 않더라도 대부분의 하천 상류지역은 청정지역이라는 규제가 적용되고 있어 중하류지역에 비해 하수배출의 기준이 엄격하여 제조업체들의 정화시설 투자비용이 매우 높아진다. 요컨대 춘천지역의 지정학상 위치로 인하여 각종 환경규제를 피할 수 없었으며 자연히 산업화에 제도적 제약으로 작용하였다.

2. 춘천시의 산업부문별 경로(1995년까지)

1995년 이전 춘천의 산업화는 변화의 폭과 속도 모두에 있어 정체되어 있었다. 흔히 '잠자는 도시'라 불릴 정도로 인구나 도시경관에 있어 변화를 겪지 않는다는 것이 일반적인 견해이다(한림대사회조사연구소, 1991). 하지만 강원도의 도청소재지라는 행정도시의 위상에 걸맞게 작은 대학기관을 갖춘 교육 문화도시의 면모도 갖추고 있었다.

전술한바 1995년까지 춘천시의 제조업은 특징적인 경로를 그리지 못하였다. 외부환경의 제도적 강제가 산업도시로의 발돋움에 장애가 되었고 그나마 제조업 기반도 튼실하지 못한 터라 자연스러운 결과일 수도 있다. 과거 지역 개발계획의 곳곳에서 관광산업 육성의 의지가 엿보이는 것도 따지고 보면 어찌할 수 없는 춘천지역 사회의 상황을 반증하는 것이다. 하지만 관광산업 육성 역시 개발 자체가 중앙정부의 제약 조건하에서 이루어져야 했으므로 무수한 마찰을 빚어 왔다(위의 책: 221). 결국 춘천의 제조업은 외부 제약으로 인해 성장의 기회에서 배제되어 있었고 도청소재지라는 도시 특성 탓에 교육·행정·서비스 중심의 구조적 특성을 가지게 된다.

문제는 지역산업화의 제도적 경로를 논함에 있어 제조업과 행정·교육 서비스 상호간의 관계가 중요하다는 점이다. 지역과 체계 그리고 혁신에 관한 무수한 경험연구들이 이들 간의 관계를 혁신환경, 혁신체계, 산업공간의 이름으로 연구하였고 본 연구에서도 이를 채택하여 제도적 역량으로 표현한 바 있다. 따라서 춘천시지역산업화의 제도적 경로를 보다 구체적으로 밝히기 위해서는 두 가지 산업구조상 특성을 각각 살펴볼 필요가 있다. 즉, 열악한 제조업 부문과 풍성한 행정·교육 서비스 부문이 노정한 경로를 구체화함으로써 각각이 가지는 조직체계수준의 제도적 경로를 기술하고 그것을 종합하는 상위 조직체계상의 경로를 추론하는 것이다.

1) 제조업

춘천시 제조업의 특성은 해외수출과 직접 관련이 없는 업체들이 대다수라는 점이다. 한국이 경제호황을 구가하던 1988년 전후에도 제조업체의 생산량이나 부가가치는 크게 늘어나지 않고 있다(춘천시, 1996b). 반대로 1991년 이후 세계적인 불황으로 국내산업이 침

체위기를 맞이하는 동안에도 춘천시의 제조업체들은 큰 변화를 보이지 않고 있다(춘천시, 1996b: 28). 다음의 <표-13>은 95년 말 현재 춘천시 제조업의 현황을 보여 주고 있다.

<표-13> 춘천시 제조업체 현황(1995)

구 분	중소기업						대기업 (301인 이상)		종업원 수 / 업체 수	계	
	소기업 (5~20인)		중기업 (21~300인)		소 계						
	업체 (개)	종업원 (인)	업체 (개)	종업원 (인)	업체 (개)	종업원 (인)	업체 (개)	종업원 (인)	평균	업체 (개)	종업원 (인)
식료품, 담배	25	238	6	249	31	487	-	-	15.7	31	487
섬유·의복· 가죽	8	85	10	592	18	677	-	-	37.6	18	677
나무·가구	17	128	-	-	17	128	-	-	7.5	17	128
종이·인쇄· 출판	14	146	3	286	17	432	1	359	43.9	18	791
화학·고무· 플라스틱	8	92	4	235	12	327	-	-	27.3	12	327
비금속광물	15	164	7	351	22	515	-	-	23.4	22	515
1차금속	2	28	2	236	4	264	-	-	66.0	4	264
조립·금속· 장비	18	172	6	229	24	401	-	-	16.7	24	401
기 타	16	145	17	1,043	33	1,188	-	-	36.0	33	1,188
계	123	1,198	55	3,221	178	4419	1	359	26.7	179	4,778

자료: 강원도, 강원도 제조업체 현황 1995

표에서 나타나듯이 춘천시 제조업의 업체 수와 고용인원에 있어 음식료품·담배 업종이 전체의 17.3%로 수위를 차지하고, 비금속 광물과 나무제품이 그 뒤를 잇고 있다. 반면 고부가가치산업으로 분류되는 조립금속·기계장비업종, 석유화학업종의 비중은 낮게 나타나 환경규제로 인한 입지 제약을 반증하고 있다. 이를 제조업 구조에 따라 구분해 보면 다음의 <표-14>과 같다. <표-14>는

1994년 현재 춘천지역 공업구조를 나타내는 것으로 5인 이하 사업
장까지 포함하여 전 제조업을 대상으로 조사한 것이다. 표에서 볼
때 전 제조업체를 기준으로 경공업이 66.3%로 중화학공업에 크게
앞서고 있고 고용인원 면에서도 상당한 격차를 보이고 있다. 경공
업의 특성이 노동집약적이고 고도의 기술을 필요로 하지 않는다는
점을 감안할 때 춘천지역의 제조업 구조는 전형적인 낙후지역 형
태를 띠고 있다.

〈표-14〉 춘천시 제조업 구조별 특성(1993)

구 분	경공업	중화학공업	기 타	계
업체 수(개)	3,134 (66.3%)	1,096 (23.2%)	493 (10.0%)	4,723 (100%)
고용(인)	21,950 (45.2%)	18.089 (37.2%)	8,544 (17.6%)	48.583 (100%)
업체 ÷ / 고용	7.0	16.5	17.3	

자료: 강원도, 강원도 제조업체 현황, 1995

결국, 춘천시의 제조업은 전체 산업구조에서 차지하는 비율이
미미할 뿐더러 그 자제의 구조에서도 경공업중심, 영세 중소기업
중심이라 요약할 수 있다. 이는 한국의 산업화가 태동하는 70년대
초반 산업구조, 제조업 구조와 유사하여 15~20년 정도의 격차가
있음을 보여 주는 바이다.

2) 서비스업: 행정·교육 서비스를 중심으로

해방 이후 95년까지 춘천시의 산업구조에서 서비스업의 절대적
우위는 재론의 여지가 없다. 서비스업이 평균 80% 정도의 비중을

차지하면서 춘천시 산업구조의 수위로 자리매김한 데에는 강원도 도청소재지로서 기능한 데에도 원인이 있다. 각급 행정기관의 입지는 춘천시로 각급 교육시설이 유치되었고 이는 춘천이 행정·교육도시라는 이름을 얻게 된 배경이 된다. 1995년 현재 서비스업종별 분포현황은 다음 <그림-10>과 같다.

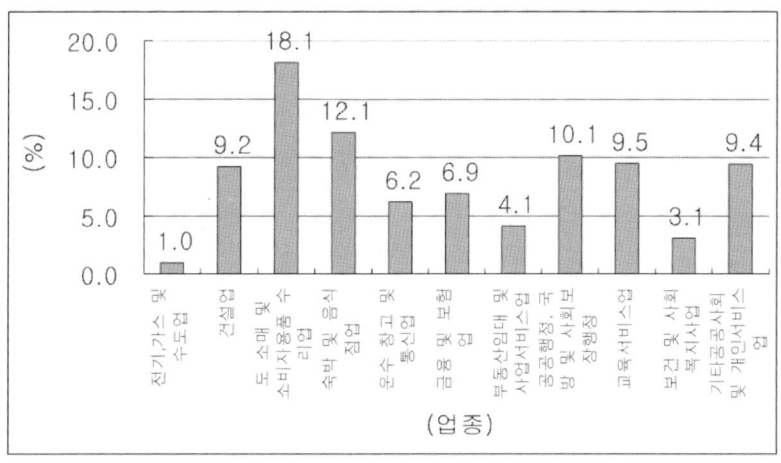

〈그림-10〉 고용 측면에서 본 춘천시의 서비스업종 분포('95)

<그림-10>을 살펴보면 춘천시 서비스업의 특징으로 공공서비스의 강세를 들 수 있다. 이는 앞서 언급한 도청소재지로서의 행정도시 기능과 풍부한 교육시설에 따른 교육도시 기능이 혼합되어 나타난 결과이다. 이 중 교육시설에 관하여 보다 상세히 살펴볼 필요가 있다. 교육시설은 이후 신산업화 전략 추진과정에서 지역사회의 지식자원으로 활용되어 계획주체와의 강한 상호작용관계를 만들어 나가기 때문이다.

95년 현재 춘천시에는 강원대, 한림대 등 2개의 종합대학교와

개의 교육대학 및 전문대학 등 고등교육기관이 밀집해 있어 많은
외지(外地)학생들이 유입하고 있다. 또한 전국적으로 알려진 명문
고등학교와 강원체육고등학교 등이 춘천시를 교육도시의 이미지를
구축하는 데 일조(一助)하게 된다. 각급 교육기관의 분포상 특징을
보면 고등학교 이상은 도심 동부에 밀집해 있으며 초등학교는
읍·면에 소규모로 분산되어 있다. 전문대학 이상의 학생 수는 약
3만 명이며 이들 중 30% 가량이 강원도 내 타 지역 또는 경기·
서울 학생이고 나머지는 춘천지역 학생들이다. 각급 학교에 근무
하는 교직원은 2,500여 명으로 교육기관을 중심으로 이루어지는
경제활동이 지역경제에서 차지하는 비중이 상당히 크다.

〈표-15〉 춘천시의 각급 학교 현황('95)

구분	초등학교				중학교				고등학교			
	학교 수	학급 수	학생 수	교원 수	학교 수	학급 수	학생 수	교원 수	학교 수	학급 수	학생 수	교원 수
국립	1	18	738	23	-	-	-	-	1	27	1,255	83
공립	37 (10)	547 <13>	17,813	703	14	219 <1>	10,499 <5>	484	7	187	7,7889	458
사립	1	8	98	8	2	38	1,803	88	4	93	4,397	209
계	39 (10)	585 <13>	18,549 <58>	728	728	255 <1>	12,302 <5>	550	12	287	13,321	728

주: ( )는 분교장 수이고 < >는 특수학급 학생 수로 각각 전체 수에 포함 됨
자료: 강원도 교육청, 「각급학교현황」, 1995.4.1 현재

〈표-16〉 고등교육기관 현황('94)

학교명	위치	위치	설립일	학과 수	학생 수			교원	직원
					남	여	계		
강원대학교	국립	효자 2동	47. 6. 14	84	12,487	4671	17,518	676	295
춘천교육대학교		석사동	39. 4. 1	1	419	1,062	1,481	60	69
한림대학교	사립	옥천 1동	82. 3. 1	30	4,383	4,239	5,822	517	128
한림전문대학		동면	39. 4. 1	12	935	1,027	1,962	58	34

자료: 강원도 교육청, 「강원교육통계연보」, 1994.

<표-15>과 <표-16>은 춘천시의 각급 학교별 현황을 제시하고 있는데, 특히 <표-16>의 고등교육기관 현황을 예의 주시할 필요가 있다. 대학과 연구기관은 지역사회 혁신의 자원으로 중히 여겨온 것으로 앞서 논한바 제도적 역량으로 잠재적 지식자원으로 규정할 수 있다. 춘천지역의 경우 94년 현재 26,783명의 학생이 지역 내 고등교육기관에 재학 중인 것으로 나타나 있다. 이들 중 대부분은 춘천 이외의 지역으로 취업하는 편인데 이는 춘천시 제조업의 취약성으로 기인한 것으로 보고된 바 있다(춘천시, 1996b). 이와 관련된 특징적인 내용은 춘천지역 내의 연구소 현황이다. 1995년 현재 춘천지역에는 모두 45개의 연구소가 입지해 있는데 이 중 정부출연, 민간출연, 기업체 부설연구소는 전무하고 오로지 대학부설연구소로만 구성되어 있다. <표-17>은 춘천지역대학부설 연구소를 조사한 내용인데 95년 현재 이·공계열 연구소가 전체 45개 중 23개로 절반 정도의 비율을 차지하고 있다.

〈표-17〉 춘천지역의 대학부설연구소('95)

강원대학교 부설연구소(25개)		한림대학교 부설연구소(20개)	
이·공계 (15개)	인문·사회계(12개)	이·공계 (8개)	인문·사회계(12개)
유전공학연구소			태동고전연구소
기초과학연구소			사회조사연구소
산림과학연구소	사회과학연구소		한림경제연구소
동물자원공동연구소	농촌개발연구소		사회복지연구소
환경연구소	비교법학연구소	자연과학연구소	법학연구소
자원개발연구소	경영연구소	의학교육연구소	한림경영연구소
체육과학연구소	지역 개발연구소	의과학연구소	인문학연구소
종합약학연구소	인문과학연구소	천연의학연구소	학교생활연구소
한국영양과학연구소	교양연구소	체육과학연구소	한림교육연구소
정보통신연구소	학생생활연구소	한림정보과학연구소	외국어연구소
생물다양성연구소	농촌개발연구소	유전공학연구소	아시아문화연구소
창강제지기술연구소	사범대부속강원문	사회의학연구소	국제문화연구소
농대부속 농업과학연구소	화연구소		
공대부속 산업기술연구소			
사범대부속 과학교육연구소			

자료: 강원대학교, 1995, 「강원대학교 요람」; 한림대학교, 1995, 「한림대학교 요람」

이러한 연구소 구성상의 특징에는 대학 및 연구기관이 산업과 상호작용을 맺을 수 없는 지역사회의 한계가 자리하고 있다. 애초에 다양한 산-학 연계가 이루어질 제조업 기반이 부족했기 때문에 정부출연·민간출연 연구기관이 등장하기 힘들었다. 반대 측면에서 보자면 대학부설연구소와 지역 내 기업의 상호작용 역시 기대하기 힘든 상황이었다. 또한 춘천시 제조업체들의 규모가 영세하여 R&D 지출비율이 극히 미미하고 그나마 투자액 '0'인 기업도 상당수 존재하였다(춘천시, 1996b: 65).

3. 춘천지역 기술궤적의 특징

1995년 이전의 춘천지역의 산업구조는 1차·2차 산업의 취약함과 3차 산업의 절대 강세로 특징시어져 왔다.[8] 개발제한구역과 상수원 보호구역이라는 외부 제약이 제조업 특히 중화학공업의 입지에 장애로 작용하였음을 확인하였다. 그나마 지역에 자리한 기업들도 그 규모가 영세하여 고용 규모도 미비하고 기술 혁신 투자도 낮은 수준에 머물고 있다.

---

8) 하지만 이러한 추세가 역전된 것은 아닌 것 같다. 표에서 알 수 있듯이 신산업화 전략이 추진한 이후 오히려 3차 산업의 비율이 높아진 것으로 나타나고 있다. 이는 기존의 기술궤적을 새로운 산업체계가 완전히 대체하지 못했음을 반증하는 것으로 이후 서술할 춘천시 신산업화 전략이 여전히 진행형이라는 점을 시사한다.

〈표-18〉 1999년 춘천시 산업구조

	1차 산업	2차 산업	3차 산업	계
고용	185	8,857	55,254	64296
(%)	0.3	13.8	85.9	100

자료: 춘천시, 2000년 통계연보

서비스 산업에서 엿볼 수 있는 특징으로는 행정도시, 교육도시라는 명성답게 공공 서비스의 비율이 높다는 점이다. 특히 고등교육시설이 다수 입지하고 있어 기본적인 연구 개발 기반은 확보하고 있었다. 하지만 모든 연구시설이 대학부설기관으로 채워져 있고 정부출연, 민간출연연구소는 전무한 실정이다. 이는 연구시설에 대한 정부차원의 전략적 투자가 없었음은 물론 R&D를 담당할 만한 민간 기업이 부재한 현실을 드러내는 바이다.

<표-19> 춘천시 연구 개발현황 ('95)

연구 개발인력	업체 수	비율(%)	연구 개발금액	업체 수	비율(%)
0명	15	33.3	0원	16	35.8
1~5명	15	33.3	1백만 원~1억 원	8	17.8
6명 이상	4	8.9	1억 원 이상	6	13.3
무응답	11	24.4	무응답	15	33.3
합 계	45	100	합계	45	100.0

자료: 춘천시, 1996b: 64.

<표-19>는 1995년 현재 춘천 후평공단 23개 기업, 퇴계단지 10개 기업, 창촌단지 9개 기업, 당림단지 3개 기업을 대상으로 한 설문지의 결과이다. 설문조사 결과 춘천지역 공단 입주업체들의 연구 개발 인력 규모는 대부분 5인 미만의 기업들로 연구 개발 활동이 사실상 어려운 것으로 나타났다. 게다가 연구 개발 인력이 전혀 없는 기업도 33.3%로 나타났다. 연구 개발액 규모에서도 24개 업체가 연간 1억 원을 밑도는 수준의 투자액을 보이고 있었고 이 중 전혀 투자하지 않는 업체도 16개나 되었다.

〈표-20〉 춘천지역 기업의 기술정보 수집

기술정보 출처	업체 수	비율(%)
동업종 종사자	20	39.2
전문연구기간	11	21.6
기술개발문헌	8	15.7
전문인력	7	13.7
기 타	5	9.8
합 계	51	100

자료: 한국은행 춘천지점, 1994, 「강원영서지역농공단지 입주업체 실태조사」.

하지만 춘천지역 제조업체와 연구시설의 상호작용이 긴밀해 보이지는 않는다. 기술정보 수집출처 중 가장 빈도가 높은 것은 동업종 종사자로 39.2%인 반면 전문연구기관이라 응답한 기업은 21.6%에 불과했다. 또한 행정기관의 지원 서비스와 협력의 정도에 관한 질문에서도 나쁘다고 응답한 업체가 전체의 절반에 달하고 있다.

〈표-21〉 춘천지역 기업의 기술정보 수집

	관계기관의 지원서비스		지원기관의 협렵	
	업체 수	비율(%)	업체 수	비율(%)
좋 다	2	4.4	8	17.8
보통이다	21	46.7	16	35.6
나쁘다	22	48.9	21	46.7
계	45	100	45	100

자료: 춘천시, 1996b: 69

요컨대 춘천지역의 제조업 부문과 행정·교육 서비스 부문 사이에 생산을 둘러싼 협력관계나 상호작용은 원활하지 않았다는 결론이 가능하다.

이상의 논의를 기술궤적의 범주에서 본다면 다음과 같이 정리할
수 있다.

첫째, 영세한 규모의 소수 제조업체와 도청소재지로서의 풍부한
　　　교육·행정 서비스가 대조적으로 공존하는 모양새를 갖추
　　　고 있었다.
둘째, 지역사회가 상대적인 강점으로 보유하고 있던 행정·교육
　　　인프라가 제조업의 기반으로 작용하지 못해 왔다. 즉, 행
　　　정·교육 서비스 부문과 제조업 부문의 상호작용은 그 수
　　　준이 매우 낮아 서로에 대한 시너지 효과를 산출하지 못
　　　한 것이다.
셋째, 소비성 서비스업은 말할 것도 없거니와 행정·교육 서비
　　　스조차 제조업과 작용관계를 맺지 못하고 있었으므로 지
　　　역사회에서 직접 생산과 관련된 숙련이나 노하우는 매우
　　　드물었다. 이는 곧 80%에 달하는 서비스업 종사자가 지역
　　　생산기술의 축적에 관여하지 못했음을 의미하는 바이다.

제4장

춘천시 신산업화 전략에서
제도적 역량의 형성과정

제1절 춘천시 신산업화 전략 개괄

1. 춘천시 산업화 전략의 역사

1) 신산업화 전략의 태동

춘천시가 소위 '첨단산업'이라는 것을 지역에 유치하겠다고 공포한 것은 1995년으로 거슬러 올라간다.[1] 그해 10월 춘천시는 「21세기 춘천비전과 개발전략」이라는 종합계획을 발표하고 이를 통해 향후 15년 이상을 준비하고자 했다.[2] 이 계획에서 구상하는 춘천

---

[1] 엄밀히 말해 첨단산업을 유치하겠다는 시 정부의 계획이 95년에 처음 수립된 것은 아니다. 지난 1990년과 91년 당시 중앙정부는 '지방화 시대에 대비한 과학기술 혁신'이라는 취지 아래 춘천을 포함한 전구 9개 도시를 첨단 과학산업단지로 지정하는 공업배치계획을 고시한 바 있다. 이에 따라 춘천시는 2001년까지 총사업비 1천1백 66억여 원 규모의 무공해첨단산업단지 조성계획을 수립하였다(강원일보, 1994. 8. 18). 당시 시 정부의 의지부족과 중앙정부의 고시 변경으로 무산되고 만다(한림대사회조사연구소, 1999: 273).

[2] 당시 춘천시는 이 계획의 성격을 다음과 같이 제시하고 있다. "본 계획은 향후 작성될 것으로 기대되는 「국토건설종합계획(1999~2011)」과 여기에 근거한 「제3차 강원도 건설종합계획」의 하위 계획을 지향하는 도농복합형태의 시단위 건설 종합계획 구상이다. 동시에 이 계획은 기존의 「제1차 춘천시 종합발전 5개년계획」과 「춘천군 장기발전종합개발계획」의

경제개발의 기본방향은 다음과 같다.

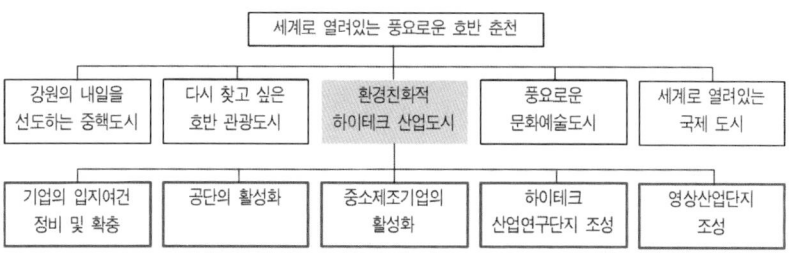

자료: 강원개발연구원, 1995

〈그림-11〉 춘천의 경제개발 기본방향

즉, 수도권 상수원 상류지역이라는 한계, 개발제한구역으로 인한 용지 부족 등 지역적 한계를 극복하기 위하여 환경친화형 지식기반산업을 지역전략산업으로 제시하는 것이나.

이를 상위계획으로 하는 멀티미디어산업단지 조성을 위한 기본계획수립이 95년 7월에 이미 예고되었다. 「멀티미디어산업단지 조성을 위한 기본계획」이 그것인데, 수립 예고 이후 외국의 사례조사를 거쳐 그해 11월에 확정 고시되었다. 이듬해 2월 이를 추진하기 위한 주무 부서로 「멀티미디어산업지원본부」를 설치하게 된다.

「21세기 춘천비전과 개발전략」과 「멀티미디어산업지원본부」가 각각 수립된 것에 춘천시 신산업화 전략의 효시라는 의미를 부여하는 데에는 나름의 이유가 있다. 애초에 춘천시에서 '영상만화도시', '멀티미디어산업단지' 등을 목적으로 삼는 것은 중앙정부의 투자 유치에 조응하는 것이었다. 문화체육부의 '영상만화도시', 정

통합수정계획이라 할 수 있다. 또한 향후 3차 국토수정이나 국토계획이 수립되면 하위 법정계획의 위상을 획득할 수 있는 계획이다."(강원개발연구원, 1995)

보통신부의 '멀티미디어산업단지'를 위한 본격적인 유치경쟁 합류와 때를 같이하여 상기한 시 정부차원의 전략 수업을 진행한 것이다. 하지만 당시 춘천시의 정황은 과거와는 질적으로 다른 면모를 보이고 있다. 대략 두 가지 측면에서 서술 가능한데, 하나는 시 정부의 전략에 대한 지역사회의 대응이고 다른 하나는 유치경쟁 이후 시 정부의 행보이다.

먼저 지역사회의 대응을 보자면 전에 없이 폭넓은 참여가 그 특징이다. 이러한 특징을 가장 잘 드러내는 것이 「춘천멀티미디어밸리추진시민협의회(이하 시민협의회)」의 창립이다. 1996년 3월에 창립된 이 단체는 춘천지역의 여러 유력자들,[3] 대학교수는 물론 춘천시민단체들까지 참여하고 있다. 사실 시민협의회의 출범이 지역시민사회의 순수한 자발적 결사라 보기는 힘들지만,[4] 춘천지역 시민사회의 성장욕구를 광범위하게 결집시키는 장으로 기능하여 다양한 주체의 참여를 가능하게 했다.

다음으로 유치경쟁 결과에 무관한 시 정부의 행보에 주목할 필요가 있다. 96년 문화체육부로부터 '만화도시' 지정을 끌어내는 데

---

3) 시민협의회에 참여하고 있는 지역사회 유력자로는 이승원 서울공대명예교수, 한승수 21세기춘천지역발전연구소장, 조남진 강원일보 사장, 안형순 강원도민일보 사장, 유규만 KBS 춘천방송총국장, 이영익 춘천MBC사장, 정태섭 춘천시의회의장, 박수복 춘천상공회의소회장, 류중철 한국통신춘천전화국장, 정순식 데이콤 강원지 사장, 김기호 에어테크 대표, 정택주 공성통신전자 대표, 김현수 중소기업 진흥공단 강원지역본부장, 성기태 한국산업기술정보원 강원지역정보센터소장, 김선우 한국신용보증기금 춘천지점장, 선용훈 기술신용보증기금 춘천지점장 등이 있다(강원일보, 1996. 2. 10).

4) 이후에 상술하겠으나 시민협의회의 창설에는 배재섭 (現)춘천시장의 역할이 컸다. 시민협의회가 문화체육부와 정보통신부로부터 산업지구로 지정받기 위한 것이었지만 멀티미디어산업에 대한 춘천지역사회의 의식을 제고하고 합의를 이끌어내기 위한 이차적 목적도 가지고 있다.

에는 성공하였으나 춘천에서 주력하던 '멀티미디어산업단지' 선정
에는 탈락하고 협력단지 유치에 그치고 만다. 하지만 춘천시 정부
는 물론 시민협의회 참여자들에 이르기까지 춘천시 독자적인 멀티
미디어산업단지 조성의지를 피력한다.5) 이후 춘천시는 「멀티미디
어산업지원본부」를 확대 개편하는 한편 춘천시 산업특화전략을 중
앙정부에 적극적으로 개진 반영시킨다.

2) 지방주도의 신산업화 전략으로 이행(移行)

유치경쟁 탈락 이듬해인 1997년 춘천시 신산업화 전략의 전기
(轉機)를 마련하는 해가 된다. 96년까지 산업 유치를 위한 계획안
작성에 참여하던 대학, 연구기관이 산업화를 위한 실질적 주체로
부각되는 것이다. 춘천시와 강원대의 「멀티미디어밸리 조성사업협
력협약」체결, 강원대 정보통신연구소에 대한 특성화 사업 지원협
약, 강원대학교 소프트웨어 전문기술인력양성 특성화 대학 시성,
한림대학교 생명공학 특성화 대학 지정 등 이후 산업 육성의 기반
을 조성하게 된다. 또한 벤처기업 금융지원 지원회사 포테이토㈜
가 설립된 것도 이때이다. 하지만 무엇보다도 97년이 중요한 의미
를 가지는 것은 춘천시 생물산업 육성을 준비하게 된 시기라는 점
이다. 97년을 지나면서 춘천시는 생물산업을 멀티미디어산업과 함

---

5) 당시 배계섭 춘천시장은 강원일보와의 인터뷰에서 '메인센터 유치는 어
렵게 되었지만 "애니메이션 부문은 경쟁력이 높은 것으로 나타난 만큼
이번 결정과는 상관없이 애니타운 조성에 초점을 맞추겠다."며 "통상산
업부에서 내년에 애니메이션 지원예산 20억 원을 비롯, 내년도 시 예산
에도 이 부문이 집중 계상된 것을 고려하여 이 사업을 적극 추진하겠다"
고 밝히고 있다(강원일보, 1996. 12. 27). 시민협의회의 경우 이듬해 2월
에 가진 정기총회에서 독자적인 멀티미디어산업단지 조성을 결의하고
있다(강원일보, 1997. 2. 11).

께 집중 육성할 계획을 세우는데, 그 결과 98년 1월 「생물산업벤처기업지원기반구축사업」을 제출하기에 이른다. 이후 98년까지 총 11차례 정보산업 분야별 세부 육성전략을 수립 집행하게 되고 이 때 지역 내 대학과의 강한 연계가 형성된다.

97년이 지나면서 신산업화 전략은 크게 세 가지 방향으로 진행한다. 첫째, 정보산업관련 기반시설을 지속적으로 확장하고 있다. 만화이미지 정보센터, 지역정보 인트라넷, 소양전자도서관, 인터넷 방송국, 창업지원센터, 전자상거래지원센터(ECRC, Electronic Commerce Resource Center) 등을 구축하여 정보산업·생물산업벤처업체들의 기업활동을 지원하고자 했다.

둘째, 춘천하이테크벤처타운 준공을 비롯한 각종 기업 입주 시설을 건설하고 벤처기업의 집적(集積)을 유도했다. 하이테크벤처타운의 경우 99년 12월에 준공되었는데 벤처타운 내에 멀티미디어기술지원센터, 디지털스튜디오, 생물산업벤처기업지원센터를 설치하여 춘천지역 벤처기업의 공동기기활용 공간으로 자리잡는다. 이외에도 춘천소프트웨어 진흥센터(2000년 4월 준공)와 생물벤처프라자(2001년 12월 준공예정) 등을 건설하고 벤처기업을 위한 공간을 제공하고 있다.

셋째, 벤처기업지원을 위한 제도적 기반구축에 적극 나서게 된다. 잠시 언급한 바 있는 벤처투자회사 ㈜토테이토가 그러하고 99년 7월 설립된 「좋은엔젤클럽(Fine Angel Club)」, 2000년 5월 춘천시와 한국산업은행이 체결한 「벤처투자 및 서비스제공 협정」 등도 마찬가지 맥락에서 이해할 수 있다. 이외에 춘천시 일반회계 중 1%에 해당하는 자금을 정보산업 육성자금으로 전용하는 지원조례, 시유(市有) 잉여 시설의 벤처기업 임대료를 50% 감면하는 조례 제정, 벤처기업 전문인력을 위한 임대아파트 42동 제공 등 제도적 기반을 구축해 왔다.

2. 춘천시 신산업 현황

춘천시 신산업화 전략을 구성하는 주요한 두 축은 정보산업[6]과 생물산업[7]이다. 여기서는 두 산업의 현황을 주요 벤처기업 집적 시설, 기업활동 지원기관제도, 입주 벤처기업체 및 창업보육시설로 나누어 살펴보겠다.

---

6) 춘천시는 산업화 전략 초기에 '영상산업', '만화영상산업', '멀티미디어산업' 등으로 전략의 지향을 밝히고 있으나 현재는 'IT'산업'과 '생물산업' 이라는 표기를 하고 있다. 여기서 IT산업은 '디지털콘텐츠산업', '게임산업', '소프트웨어 산업', '애니메이션 산업' 등을 총괄하여 사용하고 있다. 하지만 본 연구에서는 OECD 과학기술산업위원회(STI Commitee)에 근거하여 정보산업이라 하겠다. 여기서 정보산업은 정보통신기술산업과 정보통신산업을 포함하는 분류이다. 정보통신기술산업은 제조업과 서비스업으로 이루어지는데, 제조업이 정보를 처리·전달·시현하는 기능을 갖거나 물리적 현상을 검출·측징·기록하거나 물리적 공정을 통제하기 위하여 전자처리를 하는 제품을 생산하는 산업을 말하는 것이라면, 서비스산업은 전자적 수단에 의하여 정보를 처리·전달·시현히는 산입을 말한다. 그리고 성보컨텐트 산업이란 일반대중을 대상으로 정보컨텐트의 배급, 복제를 주된 활동으로 하는 산업을 일컫는데, 여기서 컨텐트란 전자매체(CD, 자기 disk, 자기테이프, 마이크로칩, 온라인 등)로 배급할 수 있는 제품을 말한다.
   자세한 산업 분류상 위치는 http://www.nso.go.kr/stat/indclass/other/sr-1htm 참조.
7) 생물산업은 생명·공학기술(biotechnology)을 바탕으로 생물체의 기능과 정보를 활용, 인류가 필요로 하는 유용물질을 생산하는 산업으로 정의할 수 있다(송위진, 김석과, 박범순, 2000: 4). 생물산업은 제품이나 서비스의 고유한 특성으로 정의하기보다는 공통으로 사용하는 기술로 정의하는 산업이다. 따라서 생물산업에 소속된 기업들은 유사한 제품 시장에서 경쟁하는 공통성이 아니라 유전물질의 조작과 관련한 생명공학기술을 사용한다는 측면을 공유하는 것이다. 여기서 생명공학기술이란 "제품과 서비스를 생산하기 위해 생물학적 매개물을 사용하여 물질의 처리과정에 과학적·공학적 원리를 응용하는 것을 말한다(OECD, 1982)". 이러한 생물산업의 분류는 다음과 같다.

1) 주요 벤처기업 집적 시설

(1) 멀티미디어기술지원센터(하이테크벤처타운 內)

「멀티미디어기술센터(이하 멀티센터)」는 99년 12월에 준공한 것으로 소프트웨어 공동개발실, 정보통신지원실, 인터넷방송국, 춘천게임창업지원센터, 전자상거래창업보육센터, 벤처기업보육센터로 구성되었다. 멀티센터의 주요 기능으로는 정보산업체 개발시설 및 장비지원, 기술·경영·회계·특허 자문, 자체연구 개발 및 대학·연구소의 신기술 이전 등이 있다. 이 센터에 있는 시설로는 멀티미디어 컨텐츠 제작시스템, 프로젝트별 소프트웨어 개발실, 초고속 정보통신망, Guest Room 등이 있다.

〈표-22〉 생물산업 분류

	주요 제품과 활용 기술
생물화학	생물고분자, 산업용효소, 생화학 중간체, 유기산 및 아미노산, 바이오 생활화학제품, 공업용 용매, 생물농약 및 동물제제
생물의학	면역조절제, 성장인자, 호르몬, 혈액단백제, 항생제 및 항암제, 효소 및 저해제, 백신, 진단시약, 유전자요법, 신기능 제제
생물환경	폐수처리기술, 폐기물처리기술, 폐가스처리기술, 바이오레미디에이션기술, 환경오염측정기술, 환경처리제
바이오에너지 및 자원	바이오매스 이용기술, 바이오가스 생산기술, 인공종자 및 묘목, 형질전환 동·식물, 해양 생물자원
바이오식품	아미노산, 기능성 펩타이드 및 단백질, 탄수화물 소재, 식품첨가물, 식품용 효소, 식품용 미생물제제
생물전자	바이오칩, 바이오센서
생물공정	미생물 발효기술, 동물세포배양기술, 식물세포배양기술, 생물전환기술, 분리정제기술, 제제화 기술, 생물엔지니어링기술
생물검정 및 생물정보	안정성 평가기술, 생체기능이용 물질전달기술, 생산관리기기 제조기술, 생물표준화, 생물정보기술

자료: 산업자원부·한국산업기술평가원, 1999

(2) 디지털 스튜디오(하이테크벤처타운 內)

「디지털스튜디오」는 1999년 12월에 준공된 시설로 애니메이션 디지털 공동제작실과 벤처기업 보육센터를 갖추고 있다. 이 스튜디오는 애니메이션 업체들이 애니메이션 제작과 편집에 필요한 장비를 공동 사용할 수 있도록 하기 위해 건립되었다. 주요장비로는 2D · 3D 애니메이션 장비, 영상편집 및 필름 출력장비, 게임 제작정비, 모션 캡쳐(motion capture)장비 등이 있다.

(3) 생물산업벤처기업지원센터(하이테크벤처타운 內)

「생물산업벤처기업지원센터(이하 생물센터)」는 1999년 12월에 준공된 시설로 생물벤처기업을 보육하고 개발장비를 임대할 목적으로 설립되었다. 생물센터의 Pilot Plant실은 5,000 ℓ, 500 ℓ, 300 ℓ급 플랜트를 갖추고 있고 그 규모는 2001년 현재 국내 최대라 한다. 이 외에도 특허정보센터와 지식재산센터가 있어 입주업체의 특허출원과 제품등록에 필요한 정보를 제공하고 있다.

(4) 춘천소프트웨어진흥센터

「춘천소프트웨어진흥센터」건립은 98년 정보통신부가 후평동 일대를 소프트웨어진흥구역으로 지정하면서 시작된다. 웹호스팅 서버지원실, H / W · S / W 공동개발지원시설, 벤처기업보육센터, 상설제품홍보관, 인터넷 프라자 등을 주요 시설로 구별하고 있어 주로 영세소프트웨어 사업자들이 선호하는 시설이다.

(5) 소양정보도서관

「소양정보도서관 (이하 소양도서관)」은 2001년 5월 개관한 전자도서관이다. 최첨단 오디오 · 비디오 매체 제작시스템과 영상음향

실을 갖추고 있고 위성방송 수신과 CD-ROM 검색이 가능하다. 특히 생물산업, 애니메이션 산업에 대한 국내외 기술, 산업정보, 특허정보 등 11만 건의 디지털 자료를 데이터베이스화하여 제공하고 있다.

2) 기업활동 지원기관 및 제도

(1) 벤처기업 세제 지원

춘천시 하이테크벤처타운 내의 멀티센터, 디지털영상스튜디오, 생물센터는 벤처기업집적시설8) 및 S / W 진흥구역9)으로 지정되어 있어 입주기업에 대한 세제 지원이 가능하다. 다음의 <표 – 23>은 해당 구역에서 벤처기업에 대해 제공하는 세제감면 혜택의 근거와 내용을 기술하고 있다.

---

8) 벤처기업집적시설 지정제도는 기업경영여건이 좋은 도심지역 벤처기업의 입지를 유도하기 위해 지정된 벤처기업집적시설에 한하여 각종 지원을 가능하게 하는 제도이다. 현재 벤처기업집적시설을 각 시·도지사가 지정하고 있으며, 벤처기업집적시설 지정현황은 매월 벤처넷(http://venture.smba.go.kr)을 통해 제공하고 있다. 이에 관한 법적 근거는 '벤처기업육성에관한특별조치법'과 '벤처기업집적시설지정·관리에관한지침' (중기청장 고시)에 두고 있다.
9) 소프트웨어진흥구역은 99년 1월 1일자로 시행된 '소프트웨어개발촉진법' 제11조에 근거하고 있다. 이 법 제11조에는 "소프트웨어개발을 촉진하고 소프트웨어산업을 진흥하기 위하여 소프트웨어진흥구역(이하 "진흥구역")의 지정을 받고자 하는 자(지방자치단체를 포함한다)의 신청을 받아 진흥구역으로 지정하고, 자금 및 시설제공 등 그 지원을 위하여 필요한 시책을 강구할 수 있다."라고 규정하고 있다.

〈표-23〉 세제 지원의 근거와 내용

구 분	관련근거	지원내용
소득세, 법인세	조세감면규제법	5년간 50% 감면
인지세	조세감면규제법	2년간 면제
등록세	조세감면규제법	2년간 75% 감면
취득세	조세감면규제법	2년간 75% 감면
재산세, 종합토지세	조세감면규제법	5년간 50% 감면

자료: 춘천시, 2000

(2) 벤처기업 투자 유치 및 경영지원

벤처기업을 위한 최초의 지원업체는 97년 9월에 설립된 ㈜포테이토이다. ㈜포테이토는 춘천시, 농협춘천시지부, 강원은행, 두산유리㈜, ㈜욱성, 한화개발㈜, ㈜대우, 삼성물산㈜, 한국통신을 주주로 자본금 30억 원 규모에서 시작하였다. 이후 지금까지 벤처기업에 기술정보를 제공하고 경영컨설팅을 서비스하는 한편 벤처기업에 대한 자금 지원 활동을 벌이고 있다.

99년에 이르러 「강원좋은엔젤클럽(이하 "엔젤클럽"이라 한다)」이 등장하게 되는데 이 클럽의 설립과 활동에 춘천시가 강하게 개입해 왔다. 엔젤클럽은 생물산업, 애니메이션 산업을 주 대상으로 하는데 지금까지 약 40억 원 규모의 투자실적을 올리고 있다.(춘천시, 2001c: 456~458).

상기한 두 가지가 지역차원에서 직접 투자기관을 설립한 것이라면 2000년에는 외부기관과의 협정체결을 통해 지역 외부의 자금유치를 공식화하고 있다. 이 협정을 체결함으로써 유망벤처기업을 발굴하고, 업체에 대한 금융지원과 산업기술정보지원이 가능하게 되었다. 같은 해 9월에는 ㈜현대투자신탁증권과 「벤처경영지원협약」을 맺어 유망 업체에 경영지원을 약속받는다.

(3) 기술지원

기술지원기관으로는 「Bio 벤처기술자문단(이하 "바이오자문단")」과 「강원지방특허정보지원센터(이하 "특허센터")」가 있다. 기술자문단은 2001년 5개 분야 38명의 전문가로 구성한 Think-Tank이다. 분야별로는 생물의약분야 8명, 생물농업분야 8명, 생물환경분야 8명, 생물공정 분야 8명, 경영 및 마케팅 분야 6명이 참가하고 있다. 바이오자문단은 생물센터 입주 벤처기업이 기술을 개발하여 창업하고, 성장하는 데에 필요한 정보를 제공하고 자문하는 기능을 수행한다(춘천시, 2001b).

특허센터는 99년 12월에 설립되었는데 생물센터 입주업체에 대하여 특허·실용신안·의장·상표 등의 지적재산권 관련 정보를 제공하고 있다. 구체적으로는 특허정보 서비스를 제공하고 지적 재산권에 관한 무료 상담실을 운영한다. 매주 화요일에 위촉 변리사 5명이 입주업체를 상대로 한 무료 상담을 담당한다(춘천시, 2000a: 56).

3) 입주 벤처업체 및 창업보육시설

2001년 10월 현재 춘천시에 입주한 정보산업부문과 생물산업부문 업체의 현황은 총 202개 업체에, 2,012명이 고용되어 있는 것으로 나타났다.

〈표-24〉 춘천시 정보산업, 생물산업벤처기업 현황

단위: 개

구 분	계	생물산업	정보산업	
			애니메이션	그 外
합 계	202	39	20	143
하이테크벤처타운	68	26	12	30
소프트웨어센터	15	-	1	14
공공시설	119	13	7	99

자료: 춘천시, 2001d

이를 분야별로 살펴보면 다음과 같다

〈표-25〉 분야별 현황

단위: 개

생물산업		정보산업			
		애니메이션		그 外	
생물공정	6	디지털애니메이션	9	S / W 개발	38
생물의약	16	셀 애니메이션	5	인터넷, IP	80
생물환경	6	애니메이션 기획	4	게 임	7
생물전자	7	출판 만화	2	컨텐츠	11
Bio 식품	4	–		기 타	7

자료: 춘천시, 2001d

이들 업체의 매출현황과 투자현황, 그리고 제품개발 등의 현황을 종합해 보면 다음과 같다.

〈표-26〉 생물산업, 정보산업의 매출, 투자, 제품개발 등 종합현황

구 분	계	생물산업	정보산업	
			애니메이션	그 外
2000년도 매출액 (단위: 백만 원)	155개 업체 36,309	12개 업체 22,002	20개 업체 3,500	123개 업체 10,807
투자 유치실적 (단위: 백만 원)	25개 업체 34,217	16개 업체 28,417	3개 업체 3,200	6개 업체 2,600
특허 (출원 포함)	34개 업체 127건	26개 업체 113건	–	8개 업체 14건
제품개발	62개 업체 142개	20개 업체 86개	10개 업체 11작품	32개 업체 45개
연구프로젝트	49개 업체 109 품목	26개 업체 84 품목	2개 업체 2품목	21개 업체 23품목

자료: 춘천시, 2001d

3. 춘천지역 신산업화 과정에 단계 구분

춘천지역 신산업화 전략에서 관계자원의 형성과 역할에 관하여
논하기 위해서는 전략 수립과 추진의 과정을 몇 단계로 나누어 볼
필요가 있다. 앞서 역사와 현황을 서술한 바 있지만, 이에 포함되
지 아니한 많은 계획들이 있었고 그중 계획에서 그쳐 버린 것도
상당수 있다. 또한 96년을 넘어서면서 정보산업과 생물산업이 한
데 얽혀 진행되고 있어 시간의 흐름을 좇아서는 명쾌한 이해에 도
달하기 힘들다. 따라서 그 과정을 몇 단계로 나누어 분석의 흐름
을 명료하게 할 필요가 있다. 본 연구에서는 주요한 계획안의 수
립,[10] 전략상의 변화, 계획과정 네트워크상 변화를 종합적으로 고
려하여 다음의 세 단계로 구분하고자 한다.

1) 중앙정부의 투자 유치단계(1995년 ~ 1996년)

이 단계는 「21세기 춘천비전과 개발전략」을 수립 이후 「멀티미
디어지원본부」를 설치하고 「멀티미디어밸리종합계획」을 작성하는
시점까지를 시간적 범위로 한다. 즉, 최초 신산업화 전략이 수립되
고 이를 현실화하기 위한 중앙정부 투자 유치에 힘을 쏟았던 단계
를 의미한다. 여기서는 지방정부는 물론 지역사회의 유력자와 시민

---

10) 본 연구에서 근거로 삼고 있는 주요 계획안은 다음과 같다.
  ▶ 21세기 춘천비전과 개발전략(1995. 10)
  ▶ 춘천시 기업유치대책수립에 관한 보고서 (1996. 1)
  ▶ 춘천 멀티미디어벨리 조성계획 (1996. 12)
  ▶ 생물산업벤처기업지원기반구축산업 (1998. 1)
  ▶ 벤처기업육성촉진지구 지정요청서 (2000)
  ▶ 춘천 Bio산업 육성전략(2001)

단체들이 정보산업 유치로 조직화되는 과정에 주목할 필요가 있다.

2) 지방정부와 대학의 협력관계 수립단계
(1997년~1998년)

춘천시가 '멀티미디어산업단지' 유치경쟁에서 탈락하고 독자적인 길을 모색하려 했다는 것은 앞서 지적한 바 있다. 그 이후 춘천시는 지역 내 대학 및 (대학부설)연구소와 공식적인 협력관계를 구축하고자 하였다. 춘천시와 강원대의 '멀티미디어밸리조성사업협력협약' 체결이라든가 '지방대학특성화사업'에 대한 춘천시의 지원 등이 그러한 노력의 단면이다. 이 단계에 이르면 춘천시와 지역대학의 상호작용이 공식화되고 그 수위도 높아지는 형국을 이룬다. 춘천시로서는 신산업화에 필요한 전문적 지식을 대학과 연구소로부터 확보했고 대학은 지역의 경제활성화를 통한 출구를 모색할 수 있었다. 이 시기 춘천시는 산업의 물리적 기반시설 건설을 계획하고 실제 생산공정상 필수적인 장비를 선정해 나간다. 「하이테크벤처타운」건설 계획은 그 결과라 할 수 있다.

3) 산업 육성단계(1999년~현재)

산업 육성단계의 시작은 하이테크벤처타운의 준공을 기점으로 삼겠다. 하이테크벤처타운에는 멀티센터, 디지털스튜디오, 생물센터가 자리하게 되는데 각 센터는 춘천시 신산업화 전략의 핵심이 되는 기반시설이라 할 수 있다. 이 시기의 특징이라면 창업지원센터, 보육센터의 개소가 이어지고 벤처기업들의 산업별 협의회가 구성된다는 점이다. 그리고 이전의 시민협의회 구성원들이 산업부

110

문별 협의회를 구성 본격적인 산업지원의 모양을 갖추게 된다.
2001년에 이르러서는 산업체에 필요한 인력을 육성하기 위한 「산
학 인턴쉽」, 「산업체기탁장학제」 등을 도입하게 된다.

제 2 절 제도적 역량의 형성과정: 단계별 네트워크 분석

앞서 춘천시 신산업화를 세 가지 단계로 나누어 보았다. 이제
각 단계에서 제도수준에 따른 변화의 양상을 살펴보고자 한다. 사
회수준, 조직체계수준, 조직수준에서 읽을 수 있는 변화를 관계자
원의 맥에서 따져 보고 계획과정상에서의 네트워크 진화과정을 논
의하기 위한 단초로 삼을 것이다. 각 수준에 관해서는 앞서 제시
한 바 있으나 춘천시 사례 분석에 맞게 규정한다면 다음과 같다.

〈표-27〉 춘천시 신산업화 분석의 제도적 수준과 대상

제도의 수준(level)	분석대상
조직(조직하부체계 포함)	▶ 지방정부(지방정부 내 부서), 기업, 상업적 결사체들, 금융제도, 대학, 연구 및 혁신센터, 그 외 자발적 결사체들
조직체계	▶ 조직 간의 네트워크와 협력을 위한 상호작용 ▶ 통치구조와 연합
사회(societal)	▶ 지역사회의 합의와 정체성[주1]

주1: 각 단계별로 분석하지 않고 결과적 변화만을 보겠음

다음으로는 제도수준별 변화를 토대로 하여 네트워크 분석의 틀
을 적용할 것이다. 네트워크 분석은 <표-8>에서 제시한 네 가지
관찰 항목을 통해 이루어진다.

1. 중앙정부의 투자 유치단계(1995년~1996년)

1) 조직수준

춘천시에 정보산업을 육성하려는 최초의 계획은 춘천시에서 수립된 것이 아니었다. 강원대 정보통신연구소에서 정보통신을 연구하던 교수들은 지역특화사업으로서 정보산업 육성에 관한 보고서를 자체 작성하여 춘천시장에게 제안한다.[11] 이를 기점으로 춘천시장의 강력한 리더십[12]에 따라 공무원과 시민을 대상으로 한 교육사업과 각급 사회단체를 상대로 한 설득작업이 진행된다.[13] 생물산업의 경우 춘천시 공무원과 지역 교수들의 실리콘밸리 방문을 계기로 구체화되었는데 그 추진 방식은 정보산업과 유사했다.

---

11) 당시 강원대 정보통신연구소 소장이었던 김남호 교수는 "당시에 제가 강원대학교 정보통신 소장으로 있었는데 지역사회에 정보통신산업을 특화시켜야겠다고 생각하는 여러 선생님들이 계셨죠. 저를 포함해서 선자계산학과 정용준 교수, 같은 과 김화종 교수, 그리고 무슨 과더라 아무튼 김형준 교수, 행정학과 이봉형 교수. 이런 교수들이 모여서 「멀티미디어산업을 통한 춘천시 고용창출에 관한 연구」라는 보고서를 보름간 자체작업으로 만들었죠. 아마 50페이지 정도 되었을 거예요. 이걸 배계섭 시장에게 보여드렸죠. 그때 선거공약 중에 영상산업 육성이 있었는데 아마 그냥 일반 영상 이야기였을 거예요. 그때만 해도 별 개념이 없었어. 하여간 그 보고서가 채택되구 다음해에 「춘천멀티미디어밸리 조성계획」작업을 시작했지."라 말하고 있다.

12) 산업정책연구원(1999)은 춘천시 도시경쟁력에 관하여 강원대 교수 13명, 한림대 교수 1명, 강원개발연구원(現 강원발전연구원) 연구원 10명, 사회단체 3명, 한국은행 1명 등 총 28명을 대상으로 전문가 설문을 진행하였다. 그 결과 중 주체에 관한 설문에서는 춘천시장 및 행정관료들의 강력한 비전과 의지가 춘천시 경쟁력상의 강점으로 손꼽히고 있다.

13) 이에 관해서는 면접조사 대상 모두가 일치한 답변을 보이고 있다.

(1) 춘천시

1995년 춘천시는 정보산업 육성을 위하여 멀티미디어지원본부(이하 "지원본부")를 설립하고 7명의 공무원을 배치한다.[14] 지원본부는 강원대 교수들과 수시로 만나며 정보산업 육성 계획안 수립에 필요한 정보통신 전문지식을 습득했다. 또한 시장 주도하에 이루어진 각종 교육 프로그램과 해외연수 프로그램에 참여하며 지속적인 학습을 수행하게 된다. 이듬해인 1996년 춘천시는 지원본부의 업무를 신설 정책담당관실로 이전하고 그 규모도 20명 수준으로 확대한다. 당시 정책담당관실에는 멀티미디어산업관련 3계, 생물산업관련 1계를 설치하고 있었다.

(2) 강원대 정보통신연구소 교수모임 "강원대 교수 추진단"

1996년 「춘천미디어밸리조성계획」을 수립하는 데에는 강원대 정보통신연구소의 관련학과 교수들이 절대적인 역할을 했다. 당시 강원대 정보통신연구소의 소장으로 재직하던 김남호 교수를 비롯하여 총 12명의 교수진이 미디어밸리 조성계획, 사업부지 확보계획, 재원조달계획, 지방자치단체의 역량, 국제 비즈니스 환경 등 각 분야별 계획안을 수립했다. 강원대 교수 추진단이란 이들을 이르는 말인데 공식적인 조직은 아니었고 정보통신연구소라는 기관을 매개로 한 교수모임 수준의 조직이었다. 당시 이 모임에 참여했던 교수로는 김남호 교수, 정용준 교수, 김화종 교수 등이 있는데 이 그룹의 참여는 춘천시 정보사업 추진에 전문성을 확보하는 역할을 한다.

---

14) 이들 모두 면접대상이었던 「지식문화산업국」에서 현재까지 근무하고 있다. 지식문화산업국 산하의 영상산업지원과와 생물산업지원과의 직원들은 순환보직을 하지 않는다는 관계자의 설명이다.

(3) 생물벤처연구회

생물벤처연구회는 조규헌 교수를 중심으로 강원대학교 교수 4명, 한림대학교 교수 1명이 참여하고 있었다.[15] 전술한 바 춘천시 차원의 실리콘 밸리 견학 이후 주춤하는 정보산업 육성의 공백을 메우고자 생물산업 육성 계획이 춘천시장과 생물벤처연구회 사이에서 논의되었다. 정보산업과 생물산업 모두 벤처기업 중심의 지식집약 산업이라는 인식이 이러한 논의를 가능하게 했던 것으로 보인다.

2) 조직체계수준

투자 유치단계에서 체계수준의 상호작용은 크게 두 가지 측면에서 확인할 수 있다. 하나는 지방정부 담당부서와 지역대학의 관계에서 나타나고, 다른 하나는 지방정부와 지역사회와의 관계에서 볼 수 있다. 전자의 경우 정책담당관실과 강원대 교수 추진단, 정책담당관실과 생물벤처연구회의 관계이다. 이 경우 정부의 투자유치를 위한 계획 작성에서 교수들의 전공지식을 정책담당관실 공무원들에게 제공하는 형태를 띠고 있다. 그 관계의 형식성에서 보자면, 공식적인 협력기구를 통한 만남이라기보다는 비공식적 협력관계를 유지하고 있다. 여기서 한 가지 짚어둘 필요가 있는 것은 정보산업 육성을 위한 제반 계획이 추진되는 과정에서 생물산업으로 관심을 확장하는 과정이다. 벤처기업입지의 구체적인 계획을 수립한 상태에서, 지역 내 다른 지식 분야를 활용할 수 있는 산업 부문으로 넓혀 가고 있는 것이다.

후자의 경우 「춘천멀티미디어파크추진시민협의회(이하 "시민협

---

15) 구체적으로는 강원대학교의 조규헌 교수, 정연호 교수, 허원 교수, 전계택 교수, 홍억기 교수와 한림대학교의 김동진 교수로 구성되어 있다.

의회")」의 결성이 관계의 고리 역할을 하고 있다. 시민협의회는 96년 3월 25일 EBS 원장이었던 박흥수 씨를 회장으로 전체 146명의 회원으로 발족한다. 시민협의회는 춘천 '멀티미디어산업'의 국책지정과 민자유치활동, '멀티미디어산업 발전'을 위한 연구와 지원, '멀티미디어' 연계기관 창업지원을 스스로의 역할로 명시하고 있다 (춘천멀티미디어파크추진시민협의회, 1996). 그 구성원을 보자면 지역사회 유력자들은 물론 춘천경제정의실천시민연합, 춘천환경운동연합 등의 시민단체까지 포함되어 있다. 상기한 강원대 교수 추진단의 경우 김남호 교수를 위원장으로 하는 시민협의회 실무위원회로 조직되어 있다. 이 단체에 주목하는 이유는 참여주체의 면면에 있는 것이 아니라 지방정부와 지역사회를 연결하는 그 역할에 있다. 즉, 시민협의회는 춘천시가 정보산업 유치의 필요성을 지역사회와 교감할 수 있는 통로역할을 했다는 점에 의의를 두는 것이다.16) 또한 당시 중앙무대에 있던 지역출신 인사들을 시민협의회로 포섭하여 중앙정부에 대한 접근성을 높이고 관련한 정보를 쉽게 얻을 수 있었다.

---

16) 당시 지역주민들의 실질적 참여와 상호학습의 과정은 이루어지지 않았던 것 같다. 정보산업에 대한 지역주민의 인식이 매우 낮았고 담당공무원들도 학습의 과정에 있었던 터라 지방정부와 지역사회의 관계는 계몽자와 피계몽자의 관계였던 것으로 보인다. 실제로 시차원에서 지역주민에 대한 교육프로그램을 마련하고 무료 자료집을 배포하는 등의 활동들이 있었다. 오히려 시민협의회를 통해 중앙정부를 압박하는 근거로 삼았다는 평가가 타당할 것이다. 하지만 이에 대한 평가는 본 연구의 주요 분석범위가 아니므로 자세한 논의는 생략하겠다.

3) 중앙정부 투자 유치단계의 제도적 역량 분석

(1) 제도수준별 변화 요약

춘천시 신산업화의 과정에서 최초의 전담부서는 1995년 멀티미디어지원본부이다. 멀티미디어 추진본부는 강원대 정보통신연구소의 교수그룹 "강원대 교수 추진단"과의 관계를 통해 정보산업에 관한 초보적인 학습을 경험한다. 당시 교수들과 지원본부 공무원들은 정보산업부문에 관한 지식과 중앙정부의 자금유치에 관한 정보를 교환하는 단계로 공식적 계획과정이 성립하지 않았다.

실제 계획과정상에서의 네트워킹은 1996년 멀티미디어지원본부가 정책담당관실로 확대 개편되고 「춘천멀티미디어밸리조성계획」을 수립하는 과정에서 관찰할 수 있다. 춘천시 정부는 멀티미디어지원본부를 두긴 하였지만 산업에 대한 담당공무원의 이해는 낮았던 것으로 보인다. 때문에 교수 추진단의 개입 정도는 상대적으로 높았는데, 단순히 전문지식을 제공하는 수준이 아니라 실제 계획안을 작성하는 과정에까지 참여한 것으로 확인되고 있다. 생물산업의 경우 같은 해 실리콘밸리 방문단 이후 춘천시와 생물벤처연구회의 협력이 비공식적으로 이루어진다. 생물산업이 계획과정에 포함되고 생물벤처연구회가 결절로 기능한 것은 그해 9월 정책담당관실이 설치되고 나서이다. 정책담당관실의 경우 정보산업관련 3계와 생물산업관련 1계로 구성되었다.

이 시기 춘천시에 정보산업에 관한 정보를 제공하는 다른 단체로는 「춘천멀티미디어파크시민협의회」가 있다. 시민협의회는 정책담당관실의 계획과정에 공식적으로 개입하고 있지 않으나 지역사회와 지역 외부주체에 대한 통로역할을 하고 있었다. 즉, 지역사회의 잠재적 자원을 동원할 수 있는 연결 고리이자 중앙정부에 관한 정보를 수집할 수 있는 창구였던 셈이다. 그 결성과정을 따져 보아도 춘천시가 주도하고 교수 추진단이 실무위원회로 조직화되고 있어 시민협의회를 출처로 하는 정보의 흐름이 계획과정으로 이어지고 있음은 자명하다. 따라서 시민협의회를 결절로 규정하고, 지역사회의 잠재자원과 중앙정부의 근황에 대한 정보원으로 구성할 수 있다.

이상의 내용을 정리해 보면 다음의 표와 같다.

<표-28> 투자 유치단계에서 제도수준별 변화

변화의 내용		네트워크상의 의미
조직수준	멀티미디어지원본부	▶ 계획주체, 춘천시 최초의 신산업전담부서
	정책담당관실	▶ 계획주체, 지원본부의 역할 재정립 : 생물산업을 포함
	강원대교수 추진단	▶ 결절, 정보산업에 관한 전문지식 제공
	생물벤처연구회	▶ 결절, 생물산업에 관한 전문지식 제공
조직체계 수준	지방정부와 지역대학	▶ 연계, 비공식적, 최초의 협력관계 구축
	지방정부와 지역사회	▶ 시민협의회를 통한 연계
	시민협의회	▶ 결절, 지역사회의 참여를 끌어냄과 동시에 투자 유치를 위한 인맥지(人脈知) 제공

(2) 계획과정상 네트워크 분석: 형태적 특성

투자 유치단계에서는 춘천시 자치단체 내의 전담부서 설치와 대학 교수그룹의 연계가 두드러진다. 또한 시민협의회의 구성으로 다양한 주체가 참여하고 있는 점도 이 시기의 특징 중 하나이다. 다음 그림은 중앙정부투자 유치단계에 춘천시 계획과정상의 네트워크를 도해하는 것으로 그 형태를 쉽게 파악할 수 있다.

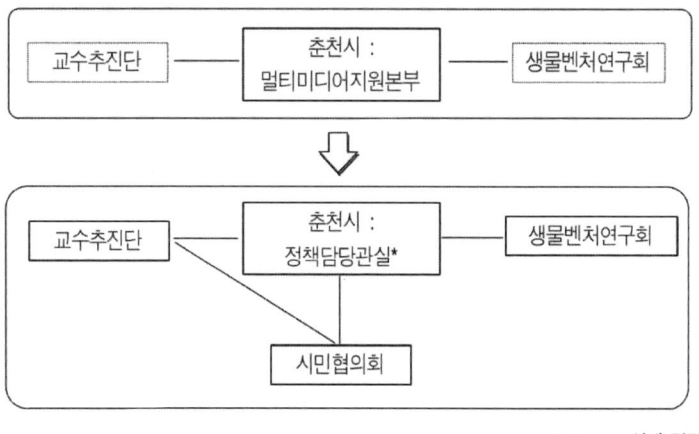

〈그림-12〉 투자 유치단계의 계획과정상 네트워크

그림에서 알 수 있듯이 교수 추진단이 생물벤처연구회의 경우 잠재적 결절에서 실제 결절로 변화하고 있다. 이는 개인적인 친분 관계로 단편적인 정보를 제공하던 관계에서 실질적인 조직 간 연계의 틀이 갖추어지고 있음을 나타내는 것이다. 네트워크의 결절이 발생하는 것은 제도적 역량의 지식자원이 관계자원으로 동원되고 있음을 의미한다. 여기서 주목할 부분은 초기에 동원되는 지식 자원이 기왕의 기술궤적과 무관하지 않다는 점이다. 춘천시는 이전부터 교육·행정 서비스가 산업의 주를 이루어 왔다. 다만 교육 부문의 자원이 제조업 부문으로 유입되지 못하고, 그 연계의 폭이 협소했던 것이다. 물론 이 단계에는 기업유치가 활성화되기 이전이므로 산·학 연계가 직접 이루어지지는 않았으나, 산업화 전략을 진행하는 계획과정에 대학의 참여가 두드러진다는 사실은 눈여겨볼 만하다.

(3) 계획과정상 네트워크 분석: 질적 특성

이 시기는 춘천시 신산업화 전략의 도입에 해당하므로 결절의 능동적 역할 재정립을 확인하기는 힘들다. 또한 계획주체와 결절 간의 관계를 지속적이라 평가하기에도 무리가 있다. 하지만 당시의 연계가 현재에 이르기까지 지속되고 있고 그 질에 일관성이 있으므로 구체적 내용을 들여다볼 필요가 있다.

교수 추진단이나 생물벤처연구회가 춘천시 당국과 관계가 시작될 때에는 명문화된 계약이나 공식 기구상의 협력을 찾아보기 힘들다. 교수와 시장의 만남이 교수 추진단과 멀티미디어지원본부의 협력관계로 진척되었고 이후 생물산업의 추진에서도 거의 비슷한 모습을 확인할 수 있다. 교수 추진단 출신의 L교수는 다음과 같이 말하고 있다.

> "96년 멀티미디어밸리 계획은 신청 마감을 한 당고 채 못 남긴 시점에서 그동안 기획 추진되었던 내용을 토대로 가장 경쟁력 있는 종합적인 전략을 구축하고자 김남호 교수님 주도로 강원대학교의 각 분야 전문가 교수님들, 아마 12분 정도가 되었을 거 같아요. 이 분들을 모시고 산업 육성이나 단지조정 등 모든 분야를 망라하여 압축적인 작업을 진행했었죠. 추진단에는 경제학, 경영학, 토지행정, 재무회계 분야 교수님과 공대의 IT분야 교수님들, 춘천시 공무원들이 밤새 가면서 내용을 만들었습니다. 강원대 정보통신연구소에 베이스캠프를 차려 놓고 일을 했던 기억이 새롭네요." (강원대학교 L교수 면접 中)

이는 비공식적 석상에서 이루어지는 일상적 대면접촉이 사업 추진의 주요한 방식이었음을 시사하고 있다. 아울러 결속의 강도가 남달랐음을 나타내는 대목이기도 하다. 담당공무원과 교수그룹이 계획안 작성을 위해 합숙을 할 정도의 상황은 그리 흔한 경우가 아니다. 춘천시 당국이나 교수 추진단 모두에게 정보산업 유치가 중요한 목표였고, 중앙정부의 투자 유치는 목표달성을 위한 선행과제였던 셈이다.

투자 유치단계 계획과정 네트워크에서 발견할 수 있는 또 하나의 질적 특성으로는 결절의 역할 재정립이 이루어지고 있다는 점이다. 위에서 확인했듯이, 이 시기 춘천시의 정보산업 담당부서는 멀티미디어지원본부에서 정책담당관실로 확대 개편하고 있다. 그리고 정책담당관실로 개편되면서 정보산업은 물론 생물산업 육성까지 그 기능으로 삼게 된다. 정책담당관실의 등장은 생물산업에 관한 전략계획을 본격화한다는 의미에서 중요하며, 생물벤처연구회가 신산업화 계획과정의 실제 결절로 등장하는 계기가 되고 있다. 계획주체의 측면에서 나타난 변화는 이내 결절의 변화로 드러나고 있는데 교수 추진단과 생물벤처연구회라는 조직적 개입이 그것이다. 이 시기 교수그룹의 변화를 조직의 공식화라고 표현하기에는 무리가 있으나, 그 성격에 변화가 있음은 명백하다. 몇몇 명망 있는 교수의 개인적 조언에서 조직적 자문으로 전환하고 있는 것이다.

이상의 논의를 통해 중앙정부 투자 유치단계에서 계획과정상 네트워크의 질적 특성을 요약해 보면 다음과 같다.

〈표-29〉 중앙정부 투자 유치단계에서 계획과정상 네트워크의 질적 특성

네트워크의 질적 특성	분석의 결과
결절과 계획주체의 호혜성과 상호의존	▶ 비공식적 의사소통을 통한 사업 추진 ▶ 춘천시 정보산업 육성에 관한 강한 목표공유
결절의 능동적 역할 재정립	▶ 멀티미디어지원본부 → 정책담당관실 　(정보산업)　　　　(정보산업·생물산업) ▶ 교수 추진단, 생물벤처연구회의 조직적 참여

(4) 중앙정부 투자 유치단계의 제도적 역량

투자 유치단계에서 나타나는 제도적 역량 형성의 특징은 제도적 역량의 유량을 조직화하고 있다는 점이다. 춘천지역의 기술궤적을

검토하여 내렸던 결론은 교육 서비스 부문의 강세, 제조업과 교육 서비스 부문 간 협력 부재였다. 지역의 신산업화라는 관점에서 볼 때, 교육 서비스의 강세는 전문적 지식을 보유한 지식자원의 존재를 의미한다. 따라서 신산업화 전략 계획과정이 지역 내 대학의 교수그룹을 포섭하는 것은 기왕의 제도적 역량 중 유동적인 부분을 수면 위로 끌어내는 것과 같다. 이것이 제도적 역량으로 형성되어 기능하는 바는 다음 단계의 분석을 통해 구체화할 수 있을 것이다.

2. 지방정부와 대학의 협력관계 수립단계(97~98년)

1) 조직수준

(1) 춘천시

이즈음 춘천시는 독자적인 정보산업 육성을 기획하는 데에 골몰하게 된다. 기존의 정책담당관실이라는 특별기구를 98년 미래산업과로 개편하면서 3계 45명 규모로 확대하는 것도 같은 맥락에서 이해할 수 있다. 당시 미래산업과는 '멀티미디어산업', '애니메이션산업', '생물산업'을 각각 담당하는 3개의 계로 구성되어 있는데, 여기서 애니메이션 산업지원계의 분리는 '애니타운' 건립과 '춘천 애니타운페스티벌'에 관한 제반 사항을 집중 관리하고자 함이다.

(2) ㈜포테이토

㈜포테이토는 이미 「춘천멀티미디어밸리조성계획」에서 「춘천멀티미디어 시민주식회사」라는 이름으로 계획된 것으로 1997년 7월에 문을 연다. <표-30>은 ㈜포테이토의 주식인수현황으로 최초의 출자자 구성을 나타내고 있다. ㈜포테이토의 설립으로 벤처기업에

대한 기술정보지원과, 해외마케팅지원, 경영컨설팅서비스와 기업자
금 지원이 한결 수월해지게 된다.

〈표-30〉 ㈜포테이토 주식인수현황

주주명단	인수 주식 수(만 주)	금액(억 원)
계	56	28
춘천시	10	5
농협중앙회 춘천시지부	10	5
주식회사 강원은행	6	3
두산유리 주식회사	6	3
주식회사 욱성	6	3
한화개발 주식회사	6	3
주식회사 대우	6	3
삼성물산 주식회사	6	3
한국통신	4	2

자료: 춘천시, 2000c: 426

(3) 생물벤처산업 육성연구회

이 연구회는 앞서 약술한 바 있는 생물벤처연구회가 공식화되어
나타난 조직이다. 96년 생물벤처연구회라는 교수모임 결성 이후,
이 모임의 주도하에 생물산업 육성 계획이 본격화된다. 그 과정에
서 벤처연구회가 가지는 비공식성이 한계에 달하자 이를 공식화하
여 1997년 11월에 「생물벤처산업 육성연구회」가 출발한다. 「생물
벤처산업 육성연구회」는 출범과 함께 그간의 성과를 기반으로
1998년 1월 「생물산업벤처기업지원기반구축사업」이란 보고서(춘천
시, 1998)를 발간하고 춘천시 생물산업 육성의 방안을 제시한다.

(4) CDS 게임진흥센터 개소

1998년 10월 춘천시는 유망 게임 벤처기업을 발굴하고 세계적

기업으로 육성하겠다는 목적하에 게임진흥센터를 개소한다. 그 기본방향이 게임관련 전문인력양성, 게임관련 창업·보육인바, 게임전문주식회사 설립과 창업보육센터 설립 등을 계획한다.[17) 게임진흥센터의 개소는 애니메이션 산업 육성 계획과 함께 춘천시 정보산업이 세분화, 구체화되는 계기가 된다.

2) 조직체계수준

97년에서 98년 사이 춘천시 신산업화는 새로운 전기를 맞이하게 된다. '멀티미디어밸리 유치경쟁'에서 탈락한 이후 독자적인 길을 모색하겠다 선언한 이후 지역 내의 전문지식자원을 동원하는 모양새가 역력하다. 소위 산·학·관 협력이 본격화되는데, 각 대학 연구기관의 정부지원 유치와 창업보육센터의 설립은 그 연장선상에서 이해할 수 있다.

(1) 지역대학 주요 주체의 변화와 춘천시의 지원

강원대 정보통신연구소 그룹과 생물벤처연구회는 본격적인 산업육성을 위해 전문인력양성이 필요함을 인식한다. 당시 교육부에서는 「지방대학특성화사업」이라는 프로그램을 마련하여 지방대학 육성자금을 지원하고 있었는데, 강원대와 한림대를 각각 "소프트웨어 전문인력양성분야"와 "노화관련 생명과학 분야"의 특성화 대학으로 지정 신청하게 된다. 이 프로그램의 대상으로 지정받기 위해서는 지방정부의 지원 약속이 필요했는데, 이미 춘천시와 긴밀한 관계를 형성하고 있었고 춘천시의 입장에서도 필요한 자금이었던

---

17) 춘천시 미래산업담당관실, 1998, 「CDS 게임진흥센터 운영 기본계획」, 춘천시(2000c : 395~397).

터라 어려운 일은 아니었다(부록1 참고). 이듬해인 1998년 벤처기업 창업을 돕기 위해 강원대학교 내 「강원창업보육센터」와 한림대학교 내 「생명공학창업보육센터」를 지정 유치하는 과정에서도 유사한 상호작용을 확인할 수 있다.

(2) 디지털 특수영상스튜디오 산학·연·관 협의회 (이하 "디지털산학연관협의회") 구성

디지털산학연관협의회는 춘천시 「애니타운기반조성사업」의 1차년도 사업기간(1997. 8. 1~1998. 5. 31)에 겪었던 시행착오를 시정하고자 1998년 6월에 설립되었다. 그 구성을 보자면 춘천시 정보산업 입주업체 대표, 지역대학의 관련학과 교수, 정보통신연구소, S / W 교육지원센터, 춘천시 기획실장 · 정책담당관 등이 참여하고 있다.[18] 이 모임에서 목표로 삼는 바는 사업연도별 CDS 시스템 구축방안, 장비 구매 목록 조정, 관련 전문가 확보 방안 등이다.

디지털산학연관협의회는 모임의 명칭에서 드러나듯이 애니메이션 산업에 관련된 산업체, 전문가 그룹, 연구소, 공무원들이 모두 참여하고 있다. 애초에 각 주체 간 상호작용이 없었던 것은 아니지만 각각의 관계가 다분히 비공식적인 것이었다면 이 협의회의 출범은 산업체, 학계, 지방정부를 망라하는 최초의 공식적 협의구조가 등장한 것이라 할 수 있다.

(3) 멀티센터장비선정심의위원회, 기술입찰심의위원회 구성

춘천시는 하이테크벤처타운에 설치할 멀티센터의 예상 장비 목록과 시스템 구축방안을 자문하고자 「멀티미디어기술지원센터 장

---

18) 춘천시 정책담당관실, 1998, 「産學硏官 협의회 설립 기본계획」, 춘천시, (2000b : 171).

비선정심의위원회」와 「멀티미디어기술지원센터 기술입찰심의위원
회」를 구성한다. 1997년 시작하여 각각 1999년 10월, 11월에 구성
을 완료하는데, 이 기간 심의위원회의 구성과정은 당시 춘천시 공
무원들의 경우 95년 이후 3년여의 시간 동안 여러 학습과정을 통
해 정보산업에 관한 지식을 익혀 온 바 있었지만, 구체적인 장비
와 시설 규모에 관한 판단을 내리기엔 힘들었다고 한다.[19] 상황이
이러하고 보니 강원대 정보통신연구소 그룹과 한림대 일부 교수
진, 그리고 정보산업관련 업체로부터 필요한 정보를 취해야 했고
심의위원회라는 형식을 갖추게 되었다.

생물산업도 그러하지만 정보산업 역시 첨단 기술을 요하는 것으
로 대학을 비롯한 관련 업체의 정보가 시설 구축 단계에서 필수적
인 바, 심의위원회 구성은 대학과 기업이 가진 전문지식을 시 정
부의 계획주체들에 제공하는 공식적인 통로로 만들어진 것이다.
하지만 그 이전에 강원대 정보통신연구소 교수들과 미래산업과 담
당자들 간의 정보교환은 상시적으로 있었다는 것이 양측 모두의
공통된 지적이다. 결국 두 심의위원회는 공무원과 교수들의 상시
적 만남을 거쳐, 필요한 정보 제공자들을 포섭하는 과정을 거듭하
며 1999년에 완성된 것이다.

3) 협력관계 수립단계의 제도적 역량 분석

(1) 제도수준별 변화 요약

이 시기는 「생물산업벤처기업지원기반구축사업」이라는 생물산업
육성 계획이 본격화된 시기로 춘천시 정책담당관실과 생물벤처연

---

19) 이는 본연구의 피면접자였던 관계 공무원과 교수들, 강원발전연구원의
　　연구원 모두에게서 공통적으로 나타나는 진술이다.

구회의 강한 상호작용이 이루어진다. 당시 생물벤처연구회가 공식
화하여 「생물벤처산업 육성연구회」라는 공식적 자문기구가 출범하
여 기존 회원 이외의 여타 교수까지 포함하게 된다. 생물벤처산업
육성연구회로의 전환은 단순히 '지역에 소재한 관련분야 전문가'라
는 개념에서 지역 생물산업 육성의 주요한 행위자로 그 성격이 바
뀜을 의미한다.

당시 '멀티미디어산업'으로 통칭하던 정보산업은 '게임산업', '소
프트웨어산업', '애니메이션 산업'으로 세분화하게 된다. 게임진흥
센터의 개소와 애니메이션기반조성사업의 추진은 이러한 경향을
반영하는 결과로 해석할 수 있다. 자연히 정보산업에 전문지식을
제공하던 강원대 교수 추진단 역시 나름의 역할 분담을 하게 되는
데, 강원대가 "소프트웨어전문인력양성분야" 지방화특성화대학으로
지정[20]되면서 분담의 체계가 잡혀 간다.

「디지털특수영상스튜디오 산·학·연·관 협의회」가 설립되면서
상기한 주체들의 관계는 더욱 복잡하게 얽혀 들었다. 이 협의회는
기존의 정보통신연구소 교수그룹과 춘천시 정책담당관실은 물론,
정보산업 입주업체 대표와 그간 참여하지 않았던 여타 교수들까지
포함하고 있다. 앞서 생물벤처연구회가 생물벤처산업 육성연구회
로 공식화했다면, 디지털 정보산업을 지원하던 교수그룹의 일부가
공식화하면서 다른 행위자들을 포함하는 협의회로 발전하게 된다.

이러한 변화의 와중에 정책담당관실 역시 이듬해인 98년에 미래
산업과로 확대 개편하게 된다. 미래산업과로의 개편은 생물산업
육성 계획에 따른 부담과 정보산업 세분화로 인한 업무 분담의 필
요성에서 기인한다.

---

20) 앞서 살펴보았듯이 같은 시기에 한림대는 "노화관련 생명과학 분야"의
   특성화대학으로 지정된다.

이상의 내용을 정리해 보면 다음의 표와 같다.

<표-31> 협력관계 수립단계에서 제도수준별 변화

변화의 내용		네트워크상의 의미
조직수준	미래산업과	▶ 계획주체, 정책담당관실 확대 개편
	㈜포테이토	▶ 결절, 벤처기업육성에 관한 경영 정보 제공
	생물벤처산업연구회	▶ 결절, 생물벤처연구회의 공식화
	CDS 게임진흥센터	▶ 결절, 정보산업의 하위 부문 특화 : 애니메이션 산업에 관한 지식
조직체계 수준	대학교수그룹의 변화	▶ 연계, 대학 내 결절과 계획주체 간 관계의 공식화
	디지털특수영상스튜디오 산·학·연·관 협의회	▶ 결절, 산업체를 포함한 공식적 협 의구조 : 애니메이션 산업체와의 연계 형성
	멀티센터장비선정심의위원회 기술입찰심의위원회(구성 중)	▶ 결절, 기술채택을 위한 협의구조 : 기술선별을 위한 지식

(2) 계획과정상 네트워크 분석: 형태적 특성

협력관계유치단계로 접어들게 되면 정보산업에 관련한 결절들의 분화와 네트워크 재생산이 눈에 띄게 늘어난다. 생물산업의 경우 정보산업의 초기 형태에 가깝게 변화하고 있다는 점이 특징적이다.

<그림-13>은 이 시기의 네트워크를 도해한 것으로 이전에 비해 결절의 수가 늘어났음을 확연하게 보여 준다. 그중에서도 강원대 교수 추진단이 강원대 특성화 사업단을 구성·연계한 것과 디지털 산·학·연·관 협의회를 통한 다양한 주체의 결집을 주목할 필요가 있다. 앞서 이러한 현상을 결절의 네트워크 재생산이라 한 바 있는데, 그 형태를 분석하여 의미 있는 결과를 도출할 수 있다.

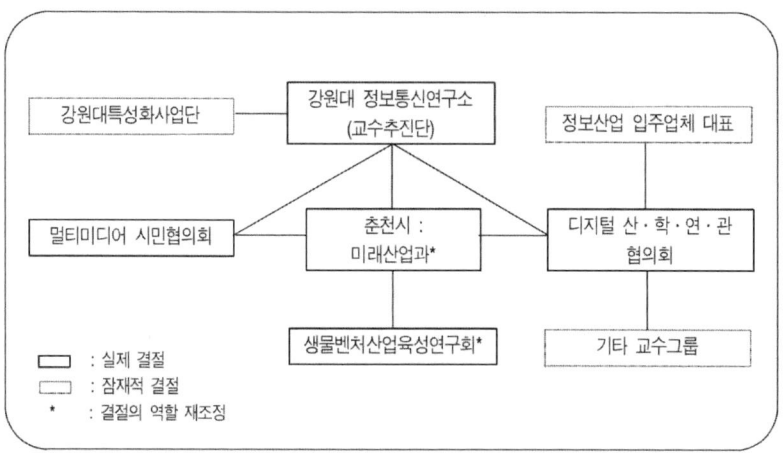

〈그림-13〉 협력관계 수립단계의 계획과정상 네트워크

<그림-13>을 <그림-6>, <그림-7>과 비교해 보면 <그림-7>
에 근사(近似)한 형태라는 것을 알 수 있다. 이는 결절의 네트워크
화를 나타내는 것으로 네트워크의 전략적 확장이라 규정한 바 있
다. 계획주체가 직접 연계하는 결절을 통해 그렇지 못한 결절까지
관계자원의 범위에 둘 수 있으니 효율성을 살린 모양새이다. 하지
만 반대로 생각하면 결절에서 계획주체로 도달하는 거리가 멀어지
는 것이니 그 효과성은 상대적으로 낮아진다고 볼 수 있다.

투자 유치단계의 네트워크 연계가 형식을 크게 갖추지 않은 데
반해 협력관계 수립단계에는 공식적인 연계의 틀이 드러나고 있다.
강원대 교수 추진단이 정보통신연구소를 거점으로 하여 강원대 특
성화 사업단을 발족시킨 점이나, 생물벤처연구회가 생물벤처산업
육성연구회로 전환한 것은 구체적인 변화의 모습이라 할 만하다.

하지만 협력관계 수립단계의 가장 큰 특징이라면 디지털산·
학·연·관 협의회의 구성이다. 디지털산·학·연·관 협의회에는
정보산업체 대표, 춘천시 미래산업과, 강원대 교수 추진단, 그 외

교수그룹이 참여하고 있다. 그 구성에서 알 수 있듯이, 이는 춘천시 당국이 기존에 연계를 가지고 있던 교수 추진단이나 기업체들과 공식적 협의구조를 형성한 것이다. 따라서 이 협의체에 의사결정 방식이나 소통방식을 검토하고 그 질을 따져 볼 필요가 있다.

디지털산·학·연·관 협의회에 관한 문서를 보게 되면, 춘천시가 협의체의 구성을 주도한 것으로 나타나 있다. 또한 산·학·연·관이 담당할 개략의 역할이 명시되어 있고 협조의 기능을 강조하고 있다. 중요한 것은 이 협의체의 성격규정과 의사결정 방식에 대한 부분으로 다음과 같이 표현되고 있다.

> "협의체의 성격: 현금 또는 현물 부담이 없는 비상설 참여기관 형태로서, 산·학·연·관의 합의에 의한 의사결정 및 협의·자문기구"(협의회 설립을 위한 기본계획 中)

본문에 명기되어 있듯이 협의회의 의사결정 방식은 합의제이다. 비록 협의회가 협의·자문기구라는 성격을 가지고 있으나 협의회를 구성하는 주체들의 면면을 고려한다면 단순한 자문기구로 폄하하기는 힘들다. 춘천시 당국은 물론 교수 추진단과 정보산업대표자들까지 참석하고 있으니, 비공식적 의사소통을 공식화하는 대표기구로 봄이 타당하다. 따라서 이들 간의 협력방식이 합의에 기초하고 있다는 규정은 특정주체에 대한 권한 부여를 배제하는 것을 의미하며, 실질적인 정보산업 육성 계획의 중요한 장에서의 호혜적 관계를 확인할 수 있다.

이 단계에서도 몇몇 결절의 역할 재정립을 확인할 수 있다. 우선 춘천시의 신산업 담당부서가 다시 개편되고 있다. 정책담당관실에서 미래산업과로 다시 한번 확대 개편되고 있는데, 이는 결절의 수 증가와 공식화의 진행에 맞물려 있다. 결절 중에서는 생물벤처연구

회의 공식화가 가장 두드러진다. 생물벤처연구회라는 교수모임 결
성 후 춘천시 생물산업에 관한 기본적인 아이디어를 제공해 왔으
나 생물산업 육성 계획이 본격화되면서 공식화의 필요성이 제기되
었고, 결국 생물벤처산업 육성연구회로 전환하여 본격적인 연계의
틀을 갖추게 된다. 정보산업의 경우에도 강원대 정보통신연구소라
는 기존의 연구기관을 통한 결절 확장이 진행되고 있다.

계획주체와 결절이 맺는 연계의 특성상 변화의 속도가 빠르다는
것은 쉽게 이해할 수 있다. 애초에 형식적인 절차에 얽매이지 않
아 왔으므로 의사소통이 기민하고 원활하게 이루어졌던 것으로 보
인다. 이러한 관계자원의 특성은 환경변화에 대응하는 결절과 계
획주체의 변모를 수월하게 하였는데, 정보산업 육성에서 정보산
업·생물산업 육성으로 변화하는 과정에서 확인된다. 요컨대 신산
업화 계획과정의 지속적 발전은 계획주체와 결절 간 상호적응의
과정이라 평할 수 있다.

이상의 논의를 통해 협력관계 수립단계에 계획과정상 네트워크
의 질적 특성을 요약해 보면 다음과 같다.

〈표-32〉 협력관계 수립단계에서 계획과정상 네트워크의 질적 특성

네트워크의 질적 특성	분석의 결과
결절과 계획주체의 호혜성과 상호의존	▶비공식적 연계기반 위에 공식적 협의 채널 구성 : 합의에 의한 의사결정구조 ▶정보산업에서 나타나는 상호적응의 과정
결절의 능동적 역할 재정립	▶정책담당관실 → 미래산업과 ▶생물벤처연구회 → 생물벤처산업 육성연구회(공식화)

(3) 협력관계 수립단계의 제도적 역량

협력관계 수립단계에서 제도적 역량이 형성되는 과정을 살펴보

면 투자 유치단계에서 구축된 관계자원이 계획과정 전반의 동원역량을 향상시켰음을 알 수 있다. 이러한 사실은 결절에 의한 새로운 네트워크의 형성이나, 계획주체와 결절 간 관계에서 연계의 질이 꾸준히 향상하고 있는 데서 확인된다. 물론 다음 단계의 결과를 보아야 하겠지만, 이미 제도적 역량의 누적적 형성이 진행되고 있음은 어렵지 않게 이해할 수 있다.

이제는 좀 다른 측면에서 관측해 보기로 하겠다. 앞서 투자 유치단계의 제도적 역량을 논하면서 기왕에 지녀 온 제도적 역량의 유량이 관계자원으로 조직되었다는 결론을 내린 바 있다. 하지만 여전히 산·학 간 연계의 고리를 확인하기는 힘들었다. 그도 그럴 것이 당시의 상황에서 정보산업부문이나 생물산업부문에 속하는 기업체들이 그리 많지 않았기 때문이다. 앞서 춘천시 기술궤적의 경로를 거론하며 제조업과 연구부문의 협력관계를 문제삼았던 것을 고려해 볼 때, 신산업화 초기의 제도적 역량은 이를 구성할 만한 수준이 아니었다는 결론이 가능하다.

이상의 논의를 다시 제기하는 이유는 협력관계 수립단계에 이르러 산·학 간 협력의 매개가 가시화되고 있기 때문이다. 바로 산·학·연 ·관 협의회를 통한 협력관계가 그것이다. 비록 협의회가 정보산업부문에 국한된 것이긴 하지만, 정보산업에 관한 한 본격적인 생산기술 축적의 제도적 기반이 됨은 분명하다. 따라서 협력관계 수립단계의 제도적 역량 형성과정은 신산업과 기존 기술궤적의 접합에 중요한 역할을 하고 있는 셈이다.

3. 산업 육성단계(1999년~현재)

1) 조직수준

(1) 춘천시

산업 육성단계에 들어서면 미래산업과가 다시 확대 개편된다. 1999년 10월 지식문화산업국이 신설되는데 지방자치단체에서 이 분야의 전담국 체계가 수립된 것은 처음 있는 일이다. 정보산업과 생물산업에 관한 담당공무원 수만 해도 72명에 이르는 규모이다. 지식문화산업국의 구성과 기능을 정리하면 다음의 <표-33>과 같다.

<표-33> 지식문화산업국 조직 및 역할

국	지식문화산업국 (총 116명)			
과	영상산업지원과(52명)	생물산업지원과(20명)	정보통신과(23명)	문화관광과(31명)
역 할	영상산업총괄 만화영상산업 지식상품개발 투자 유치	생물산업총괄 생물산업 육성 시설관리	정보기획 정보개발 정보통신	문화 예술 관광기획 관광개발
비 고	전자상거래 창업 애니타운 축제조직 게임센터 디지털스튜디오전문요원 인터넷방송국	생물센터전문요원 컨벤션 홀	인터넷사업팀 사이버파크	소양호관광지 구곡폭포관리

자료: 춘천시, 2000a: 63

(2) 좋은엔젤클럽 설립

「좋은엔젤클럽」은 강원도 우량벤처기업에 대한 투자 활성화를 목적으로 하는 개인 투자자들의 모임으로 1999년 7월 설립되었다. 이 클럽은 춘천시 벤처기업을 주요대상으로 삼아 그 사무국과 투자상담장소를 하이테크벤처타운에 두고 있다. 2000년 현재까지는 총투자금액 35억, 투자업체 2개 업체로 실제 실적에 있어 큰 성공을 거두고 있지는 않으나 지역사회 구성원의 참여로 자금이 형성된다는 점에는 주목할 만하다.[21]

(3) 정보산업에 관한 각종 협회의 설립

춘천시 정보산업에 있어 이 시기는 공무원과 대학교수들의 역할 분담이 본격화하는 기간이라 할 수 있다. 그간의 공동 작업으로 담당공무원의 역량이 향상되고, 이전에 교수그룹이 담당하던 역할 중 상당 부분을 공무원이 전담하게 된 것이다.[22] 이는 초기 춘천시의 정보산업 일반에 깊숙이 개입하던 교수그룹이 보다 구체적이고 전문적인 협의회로 방향을 선회할 수 있었던 배경이 되었다.

---

21) 좋은 엔젤클럽의 회원 현황은 다음과 같다(강원좋은엔젤클럽, 2001).

〈표-34〉 좋은엔젤클럽 회원의 지역별 분포

춘천	홍천	원주	인제	삼척	정선	서울	부산	대구	충북	전남	합계
158	15	51	3	2	10	48	3	4	3	3	300

〈표-35〉 좋은엔젤클럽 회원의 직업별 분포

언론인	사업가	세무사	연구원	은행업	의사	자영업	회사원	주부	합계
22	80	3	6	11	16	49	102	11	300

22) 강원발전연구원의 최승업 박사는 "영상산업이나 생물산업을 담당하는 공무원의 수준은 대단히 높아요. 시청에서 나오는 자료집에 연구원 보고서 수준이죠. 그간 쌓인 노하우가 큰 밑거름이 된 것 같습니다."라고 말하고 있다. 또한 강원대 이철희 교수는 "초창기엔 교수들에 대한 의존도가 매우 높았지만 이제는 춘천시의 행정 조직 개편과 함께 초창기부터 일해 온 공무원들의 전문성도 어느 정도 확보되어 중요한 정책 입안과 결정을 제외하면 행정 조직의 활동영역이 훨씬 넓혀졌습니다."라고 평가하면서 이로 인하여 교수그룹의 활동 폭이 넓어질 수 있다고 진술한다.

여기에 또 하나의 변수가 작용하게 되는데 정보산업의 주도권을 민간으로 이양하고자 하는 춘천시의 움직임이 그것이다. 과거 5년 여간 정보산업 도입과 육성을 도맡았던 춘천시는 장기적인 안목하에 산업 육성의 주도권을 민간으로 이양하고자 하는데, 그 중심에 시민협의회가 있다. 시민협의회는 초기 유치경쟁 이후 별다른 활동을 보이지 못하고 있었다. 그간 전략 과정이 춘천시와 대학, 기업들의 연계를 중심으로 이루어진 탓이다. 하지만 이 시기에 이르면 '강원대 교수 추진단'을 지냈던 교수그룹이 시민협의회를 세분화하며 다시 조직을 정비하는데 그 결과로 생겨난 것이 「춘천인터넷방송협의회(2000년 1월 설립, 회장: 김남호」, 「춘천게임산업진흥협의회(1999년 3월 설립, 회장 송창근), 「춘천S / W센터협의회(2000년 4월 설립, 회장: 정영준)」, 「춘천CDS협의회(2000년 10월 설립, 회장 긴화종)」이다.

(4) Bio벤처기술자문단 구성

2000년 2월에는 생물센터 입주업체에 대한 기술자문·경영자문·마케팅자문을 담당할 「Bio벤처기술자문단」이 구성된다. 전체 자문위원은 38명으로 이 가운데 생물의약분야 8명, 생물농업분야 8명, 생물환경분야 8명, 생물공정분야 8명, 경영·마케팅분야 6명이 있다. 이 중 생물벤처연구회에서부터 춘천시와의 관계를 유지해 온 교수는 4명으로 작고(作故)한 조규헌 교수를 포함하여 5명의 연구회 교수가 참여하고 있다. 특히 생물산업관련 기술 자문단의 구성에서 이들의 개인적 네트워킹이 결정적인 역할을 한 것으로 보인다.[23]

---

23) 춘천시 생물산업과의 관계자에 따르면 생물벤처연구회 교수그룹의 소속 대학, 소속 연구센터 등을 통하여 기술자문단을 구성할 수 있었다고 한다.

2) 조직체계수준

이 시기 조직체계수준에서 이루어지는 상호작용은 크게 세 가지 측면에서 주목할 필요가 있다. 하이테크벤처타운 준공 이후 멀티센터, 생물센터, CDS 시설에 들여놓을 장비를 심사하는 과정이 그 중 하나이다. 그 과정에서 「멀티미디어기술자원센터 장비선정심의위원회(이하 "멀티심의위원회")」, 「디지털스튜디오 장비선정심의위원회(이하 "디지털심의위원회")」, 「생물산업벤처기업기술지원센터 장비선정심의위원회(이하 "생물심의위원회")」가 구성된다.

멀티심의위원회는 1997년, 디지털심의위원회는 1998년, 생물심의위원회는 1999년부터 심사위원 구성과 장비심사에 착수한다. 사업 연도에 따라 구체적인 현황에서는 차이가 있지만 대학교수를 주축으로 산업체 대표들이 참가하고 있다.[24] 입주업체들과의 간담회를 거쳐 각 산업부문 유치 기업의 의견을 반영하는 것 또한 그 특징이라 할 수 있다(춘천시, 2000b: 230~231). 이렇게 볼 때 각 심의위원회의 구성과 활동은 첨단산업의 전문적 지식을 교환하는 과정에서 시 정부와 정보 제공자 간의 협력관계가 구체화한 것으로 평가할 만하다. 즉 지식문화산업국 공무원, 강원대·한림대·한림정보산업대 교수, 지역의 선도적 업체 해당 시설 입주업체가 긴밀하게 상호 작용할 장으로 기능한 셈이다.

두 번째로 춘천시와 강원대, 춘천시와 한림대 사이에서 교류 협정이 맺어지고 있다는 점에서 주목할 필요가 있다. 정보산업 도입기에 강원대와 춘천시가 맺은 협정이나, 생물산업 육성 초기 강원대와 한림대에 대한 춘천시 정부의 지원에 관해서는 이미 논한 바 있다. 하지만 이 시기에 다시 부각되는, 지방정부, 대학 간 교류

---

24) 각 심의위원회의 자세한 구성내역은 <부록 2>, <부록 3>, <부록 4> 참조.

협정은 이전과는 다른 점이 있다.

1999년 6월 9일 춘천시와 강원대학교 사이에는 "춘천의 애니메이션/게임산업 발달에 필요한 제반기술의 자립화와 국제 경쟁력 제고를 위한 협약"[25]이 체결된다. 이듬해인 2000년 8월 23일에는 춘천시와 강원대학교 사이에 「생물산업 발전을 위한 교류 협정」이, 한 달여 뒤 9월 15일에는 춘천시와 한림대학교 사이에 「생물산업 발전을 위한 교류·협력 협정」이 체결된다. 외양상으로는 그간의 교류를 협정서로 공식화한다는 정도의 의미이지만 그 속내를 들여다보면 이전의 그것과는 사뭇 다르다. 그 차이는 정보산업의 생물산업에 관한 물리적 기반, 제도적 기반에 있다. 춘천시의 경우 하이테크벤처타운의 준공과 함께 멀티센터와 생물센터라는 복합 지원 시설을 갖추고 있었고, 협정의 파트너가 되는 대학들의 경우에도 각종 보육센터와 특성화 사업단을 운영하고 있었디. 입주업체들 역시 「하이테크벤처타운입주업체협의회」와 같은 기업협의체를 결성하여 산업정보를 교화하는 형편이었다. 특히 1999년 춘천시와 강원대의 협정의 경우 이를 잘 반영하는 대목이 있다. '협약사항(3)'에는 "CDS 입주자 협의회, 게임진흥협회, 멀티미디어 협의회,[26] 춘천시 및 강원대학교의 컨소시엄 결성을 통한 상호 협력"이 명시되어 있다. 춘천시 정보산업을 주도한 두 조직은 지역 정보산업관련 기관의 다수를 확보하고 있어 이와 같은 협약사항을 논할 수 있는 것이다. 따라서 이 시기 춘천시와 두 대학의 협약체결은 정보산업과 생물산업에 관여하는 다수 기관들의 협약과 같은 것으로 봄이 타당하고 여러 주체의 다종다기한 협력관계가 가능해진 셈이다.

---

25) <부록 5> 참조.
26) 여기서 멀티미디어 협의회란 앞서 언급했던 「춘천멀티미디어파크시민협의회」를 말한다.

136

세 번째 측면은 정보산업과 관련한 민간 협의체들의 등장이다. 앞서 조직수준의 부석에서 언급한 바 있듯이 이 시기에 이르러 정보산업의 주도권을 민간으로 이양하는 춘천시의 노력이 두드러진다. 「춘천게임산업진흥협의회」, 「춘천인터넷방송협의회」, 「춘천S/W센터협의회」, 「춘천CDS협의회」는 1999년부터 2000년까지 순차적으로 설립된다. 이 네 단체의 회장들이 모두 "강원대교수 추진단" 시절부터 춘천 정보산업에 전문지식을 제공하던 주체들이란 점은 이미 거론된 바 있다. 이들이 상기한 네 단체의 결성을 주도하게 된 배경은 춘천시 공무원과 당사자들, 더 넓게는 춘천시와 춘천지역사회의 역할 분담을 조정해야 할 상황으로 이행한 데에 있다. 지금까지 보아왔듯이 춘천시의 정보산업은 춘천시, 강원대 교수 추진단의 협력을 시작으로 철저히 관·학 주도의 모양새였다. 물론 최근 들어 벤처업체들이 또 하나의 주체로 등장하고 있긴 하지만 그 원천이 대학의 창업보육센터에 있는 형편이다. 이러한 상황에서 강원대 교수그룹과 춘천시 담당공무원들 사이에 민간주도의 산업화로 이행해야 한다는 합의가 이루어진바, 기존의 시민협의회를 네 개의 세부분야로 재편성하여 「춘천 IT산업 발전협의회」를 추진하기에 이른다.27)

---

27) 김남호 교수, 이철희 교수, 길명수 교수, 영상산업지원과 담당자, 강원발전연구원 최승업 박사 모두 이 부분에 대한 의견은 일치한다. 김남호 교수는 "햇수로는 7년째인데 그간에 공무원들 역량도 높아지고, 우리는 핵심적인 사항, 뭐 장비 구입 같은 사항에만 참여하면 됐지. 그리고 시장님이나 우리나 모두 이제 민간으로 이양해야 한다는 생각을 같이 했어. 그러고 나서 멀티미디어시민협의회를 쪼개면서 IT 발전협의회로 바꾸게 됐지. 자치단체 입장에서도 수익이 나야 운영이 되니까 부담이 되었겠지. 물론 멀티미디어산업을 위해서도 그게 필요하고 말이야."라고 말하며 이러한 분위기를 전하고 있다.

3) 산업 육성단계의 제도적 역량 분석

(1) 제도수준별 변화 요약

산업 육성단계에서 관찰할 수 있는 변화는 결절에 해당하는 제도가 크게 증가한다는 점이다. 또한 디지털 산·학·연·관 협의회로 애니메이션에 관련한 행위자들이 집결하는 것과 마찬가지의 현상이 생물산업과 '멀티미디어'산업에서도 일어나고 있다. 특히 장비심의위원회구성을 살펴볼 때 이러한 경향이 두드러짐은 이미 확인한 바 있다.

정보산업부문에서는 본격적인 민간주도 산업화를 준비하는 시기라 할 만하다. 춘천시와 교수그룹, 정보산업 입주업체들은 춘천시 정보산업의 주도권을 민간으로 이양한다는 복안을 가지고 인터넷방송협의회, 게임산업진흥협의회, S/W센터협의회를 설립하게 된다. 이들 협의회는 시민협의회와 교수그룹을 전문분야로 세분화한 것이다.

생물산업부문의 경우, 그 육성단계가 정보산업에 비해 1년 정도 뒤져 있다. 생물산업을 시작한 시점에서 1년여의 격차가 있으니 그리 이상한 일은 아니다. 하지만 생물산업 육성에 필요한 여러 자원들이 정보산업 육성을 통해 이미 구축되어 있었다는 점이 큰 변수가 되고 있다. 이를테면 벤처캐피탈, 세제 지원, 하이테크벤처타운 설립계획 등 벤처기업 육성의 제도적 기반이나 지방정부 조직에 누적된 암묵적 지식들이 생물산업 육성을 수월하게 만드는 것이다.[28]

---

28) 춘천시 생물산업과의 한 관계자는 다음과 같이 말하고 있다. "처음에는 생물산업 육성에 관한 전문적인 지식이 부족했죠. 하지만 저희 과도 영상산업 쪽이랑 계속 있었거든요. 일단 처음 부딪치는 일에는 그런 데서

산업 육성단계의 제도별 변화모습을 정리해 보면 다음과 같다.

〈표-36〉 산업 육성단계에서 제도수준별 변화

	변화의 내용	네트워크 상의 의미
조직수준	지식문화산업국	계획주체, 미래산업과 확대 개편
	좋은엔젤클럽	결절, 벤처기업육성에 관한 경영정보 제공
	정보산업관련 협의회	결절, 정보산업의 부문별 전문지식 : 민간주도의 전략 추진을 위한 시도
	Bio벤처기술자문단	결절, 생물산업 육성에 관한 전반적인 지식 : 기술 경영 마케팅 자문단으로 구성
조직체계 수준	하이테크벤처타운 내 장비도입심사의원회 (3개 부문)	결절, 기술채택을 위한 협의구조 : 춘천시 당국, 교수그룹, 산업체
	춘천시와 지역대학 간 교류 협정	연계, 정보산업·생물산업에 관한 결절들과 춘천시 정부의 협력구조 : 대학 중심의 산업화 전략
	춘천IT산업 발전협의회 (4개 부문)	연계 정보산업관련 4개 협의회의 협력구조 : 춘천시 정보산업 전반에 관한 전략 수립과 조정

(2) 계획과정상 네트워크 분석: 형태적 특성

산업 육성기 계획과정상 네트워크는 결절의 큰 폭으로 증가하는 형태상의 특징을 보인다. 여기서 춘천시 지식문화산업국이 각 결절에 직접 연계하는 비율이 높게 상승한 것도 두드러지는 모습이다. <그림-14>를 보게 되면 매우 복잡한 연계의 망이 보이는데, 그 사이로 세 개의 묶음이 형성되어 있다. 멀티미디어산업과 애니메이션 산업, 생물산업 각각이 큰 덩어리를 짓고 있는 것을 확인할 수 있다.

오는 노하우의 도움이 많이 되요. 시간이 지나면서 생물산업 나름의 수도 생기게 되었구요."

　<그림-14>에서 볼 수 있는 또 다른 특징으로는 지식문화산업
국의 중심적 위치를 꼽을 수 있다. 그림에서 나타나듯이 강원대
특성화 사업단을 제외한 모든 결절이 지식문화산업국과 직접적인
연계를 맺고 있다. 이는 민간주도의 산업화로 이행하겠다는 춘천
시 당국의 입장과 다소 상충하는 모습이다. 민간에 이양한다는 목
표 아래 다수의 민간 협의체를 구성하고, 이를 지원하기 위한 제
도를 갖추려 하고 있지만 아직은 그 효과가 가시적이지는 않다.

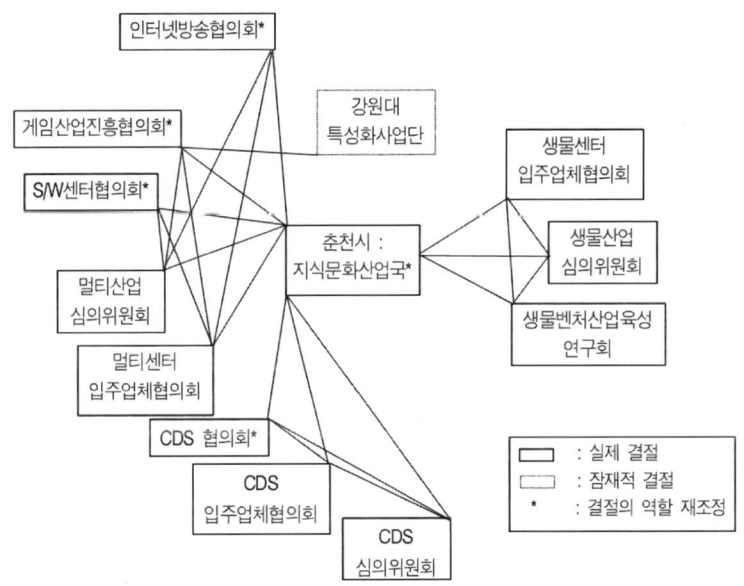

〈그림-14〉 산업 육성기의 계획과정상 네트워크

(3) 계획과정상 네트워크 분석: 질적 특성

　산업 육성단계는 정보산업의 분화와 생물산업의 본격화로 요약
할 수 있다. 정보산업은 세부분야로의 전문화와 민간으로의 주도
권 이양이 병존하고 있다. 이를 잘 반영하고 있는 것이 인터넷방

송협의회, 게임산업진흥협의회, S／W센터협의회, CDS협의회 등장
이다. 이 네 협의회는 과거 시민협의회를 세부분야별로 분리하여,
분야별 연계를 강화하려는 목적에서 설립되었다.

이 시기 새로이 등장하고 있는 결절로는 멀티심의위원회, 디지
털심의위원회, 생물심의위원회가 있다. 이들 결절들은 모두 조직체
계수준의 제도로서 지역 내로 도입할 기술을 선택하기 위한 협력
적 구조라 할 수 있다. 각각의 위원회는 공히 산·학·연·관의
참여자들로 구성되고 있는데, 여기서도 주체별 차등을 두는 권한
규칙을 찾아보기 힘들다. <부록 6>과 <부록 7>은 각각 디지털심
의위원회와 생물심의위원회에 관한 계획안으로 심의위원회 구성과
구체적인 구매계획을 담고 있다. 이 두 문서상에는 춘천시 당국이
나 여타 주체의 권한에 대한 명시적 표현이 나타나지 않고 있다.
심의위원회에 관한 규정 조례로 명문화되어 있는 것은 생물심의위
원회가 유일한데, 이 조례에도 특정주체에 대한 권한규칙은 존재
하지 않는다.[29]

춘천시 담당부서의 경우 미래산업과에서 지식문화산업국으로 확
대 개편하고 있는데, 이것 역시 민간으로의 주도권 이양이라는 목
표에는 부합하지 않는 것으로 보인다. 민간에서 구성하는 협의체
가 지방정부의 업무를 분담하기 위해서는 새로운 연계가 필요하
고, 그간 제도적 역량이 형성되어 온 누적적 경로를 변경해 가야
한다. 하지만 지금까지 추진 경과는 기대에 상응한 수준에 도달하
지 못하고 있고, 이를 시 정부가 감당하고 있는 형편이다.

비록 현재 춘천시 정보산업이 과도기적 국면에 놓여 있고 실질
적인 민간이양이 이루어지고 있지 않다 하더라도, 장기적 전망하
에서 계획주체와 결절이 움직여 가고 있음은 분명해 보인다. 앞서

---

29) <부록 8>을 참조할 것.

살펴본 각 단계에서도 확인할 수 있듯이, 계획주체와 결절 간 기민한 의사소통은 계획과정을 둘러싼 환경에 신속히 대처할 수 있도록 한다. 뿐만 아니라 계획주체와 결절 간의 상호적응을 원활히 진행하도록 한다. 단계마다 나타나는 계획주체의 변화나 결절의 공식화 과정은 이를 반증하는 바이다.

이상의 논의를 통해 산업 육성단계의 계획과정에서 확인할 수 있는 질적 특성은 다음과 같다.

〈표-37〉 산업 육성단계에서 계획과정상 네트워크의 질적 특성

네트워크의 질적 특성	분석결과
결절과 계획주체의 호혜성과 상호의존	기술채택을 위한 협력구조에서 특정주체에 대한 권한규칙이 존재하지 않음 정보산업에서 나타나는 상호적응의 과정
결절의 능동적 역할 재정립	미래산업괴 → 지식문화산업국 시민협의회 → 인터넷방송협의회, 게임산업진흥협의회, S/W센터협의회, CDS협의회

(4) 산업 육성단계의 제도적 역량

산업 육성단계에서도 제도적 역량의 형성은 쉽게 확인할 수 있었다. 네트워크의 형태를 볼 때 결절의 증가 수준도 이전에 비해 훨씬 큰 폭으로 진행하고 있다. 네트워크의 질적 특성에서도 결절과 계획주체의 호혜성이나 상호의존성이 지속적으로 관찰되고 있고, 이에 상응하는 능동적인 역할 재정립도 활발하다. 즉, 이전 단계의 관계자원을 통하여 제2, 제3의 자원을 동원하는 과정이 분명히 드러나고 있는 것이다.

다음으로 제도적 역량이 기존의 기술궤적에 가져오는 변화를 살펴보자. 앞서 협력관계 수립단계에서 대학 및 연구기관이 관계자원으로 구축되면서 제조업과의 연계 가능성을 높이고 있음을 지적

하였다. 산업 육성단계에 이르러서는 구체적인 연계의 틀이 나타나고 있는데, 4개의 정보산업 협의회와 각 부문별 심의위원회가 그 예이다. 이러한 협력기구의 구성은 다년간에 걸쳐 누적된 제도적 역량의 산물로서 신산업과 기술궤적의 접합이 이루어지는 장으로 기능하고 있다.

4. 춘천시 신산업화 전략에서 제도적 역량의 형성과 그 역할

1) 형태상의 변화

(1) 결절의 증가

춘천시 신산업화 전략의 추진과정에서 결절의 수가 증가하는 것은 명확하다. 투자 유치단계에는 교수 추진단과 생물벤처연구회, 시민협의회 세 개에 불과하던 것이 협력관계 수립단계에 이르면 시민협의회, 디지털 산·학·연·관 협의회, 생물벤처산업 육성연구회, 강원대 정보통신연구소로 늘어난다. 현재 산업 육성기에 와서는 인터넷방송협의회, 게임산업진흥협의회, S/W센터협의회, 멀티산업심의위원회, 멀티센터입주업체협의회, CDS협의회, CDS입주업체협의회, CDS심의위원회, 생물벤처산업 육성연구회, 생물산업심의위원회, 생물센터입주업체협의회 등 총 11개의 결절이 계획주체와 상호 작용하고 있다.

(2) 결절의 네트워크 재생산

결절이 조직하는 네트워크는 다소 복잡한 양상으로 전개되었음을 확인할 수 있었다. 애초에 투자 유치단계에는 교수 추진단과 생물벤처연구회에 시민협의회라는 결절이 덧붙여졌다. 하지만 이들 모두는 춘천시 정책담당관실과 직접 연계를 가지는 결절에 해당한다. 다만 교수 추진단이 시민협의회에 개입하면서 두 결절 간의 연계가 형성되기는 하였지만 기본적으로는 춘천시 계획주체에 직접 연결된 결절 간의 연계라 볼 수 있다.

협력관계 수립에 들어서면서 결절의 네트워크 재생산과정이 눈에 띈다. 교수 추진단이 강원대 특성화 사업단을 유치하면서 강원대의 교수들과 대학원 학생들을 사업단으로 묶어내고 강한 연계의 틀을 형성했다. 또한 춘천시와 교수 추진단은 정보산업 입주업체 대표와 다른 교수그룹을 디지털 산·학·연·관 협의회로 구성하여 새로운 결절과 이를 통한 다른 자원과의 연계를 꾀한다.

산업 육성기에는 정보산업에 관련된 결절들의 역할 조정과 분화, 생물산업 결절들의 분화가 동시에 진행된다. 하지만 이 시기는 결절에서 파생된 결절들이 모두 춘천시 계획주체를 중심으로 포섭되는 모양새를 나타낸다. 물론 각각의 결절들이 복잡한 연계망을 갖춘 바도 사실이지만 계획주체를 중심으로 한 네트워크로 모두 얽혀 들고 있음을 확인할 수 있다.

(3) 네트워크의 형태상 변화

이상의 내용을 도해하여 그 특성을 살펴보면 <그림 - 15>와 같다. <그림 - 15>에서 나타나듯이 계획과정을 둘러싼 네트워크의 결절 증가는 확연하다. 다만 늘어나는 결절들이 속속 계획주체와 직접적인 연계를 가지고 있어 춘천시 신산업화 전략을 담당하는 계획당국에 지워지는 부담이 가중하고 있음을 알 수 있다. 앞서 춘천시 담당부서의 규모가 확대되고 있다는 사실을 확인한 바 있는

데, 이는 늘어나는 결절과 이로부터 유입되는 정보를 계획과정에 반영하기 위한 노력으로 볼 수 있다.

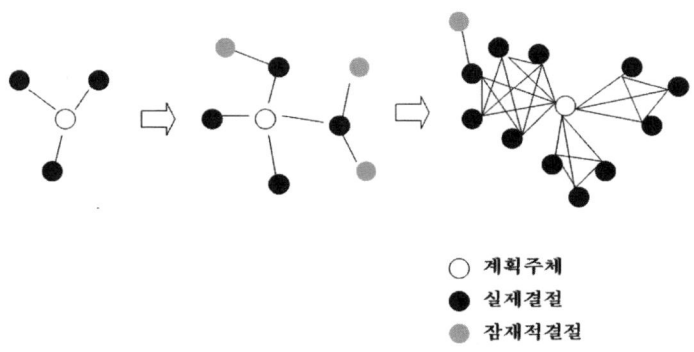

○ 계획주체
● 실제결절
● 잠재적결절

〈그림-15〉 네트워크의 형태상 변화

형태적 측면에서 보자면 계획과정을 통한 관계자원의 양적 팽창으로 결론지을 수 있는 듯하다. 하지만 실제 가용한 지식자원이 증가하고 있는지를 확인하기 위해서 각 결절로부터 유입되는 정보가 어떤 것인지를 확인할 필요가 있다. 다음에서는 이러한 결절의 속성과 함께 연계의 질이 어떠한지 더욱 구체적으로 살펴보겠다.

2) 네트워크의 질적 특성

(1) 계획주체와 결절의 능동적 역할 재정립

사례지역에서 계획주체와 결절의 역할 변화는 매 시기 활발하게 일어나고 있다. 특히 춘천시의 담당부서, 교수 추진단, 생물벤처연구회 등 초기부터 신산업화를 주도했던 당사자들일수록 그 변모의 양상이 역동적인 모습이다. 이들의 변화를 역할, 조직의 공식화 여부, 확대 개편 여부를 중심으로 살펴보면 다음과 같다.

춘천시 당국의 담당부서는 세 번의 변화를 겪고 있다. 최초에 멀티미디어지원본부에서 정책담당관실, 미래산업과 지식문화산업국으로 변화하고 있다. 그 내용을 따져 보자면 처음 정보산업만을 담당하는 멀티미디어지원본부를 설치하였다가, 이후에는 생물산업까지 함께 포괄할 수 있는 형태의 조직으로 개편된다. 그 규모에 있어서도 7명에서 20명으로, 다시 45명으로 확대되었고 현재는 72명 수준에 이른다.

〈표-38〉 춘천시 당국의 담당부서 변화

멀티미디어지원본부	정책담당관실	미래산업과	지식문화산업국
담당공무원 7명	→ 정보산업 3계 생물산업 1계 20명	→ 정보산업 2계 생물산업 1계 45명	→ 정보산업 1과 생물산업 1과 72명

정보산업 분야의 주요 정보를 제공했던 「교수 추진단」의 경우 그 양상이 매우 복잡하다. 앞서 언급한 바 있듯이 「교수 추진단」은 비공식적인 교수모임에 불과했다. 강원대학교 김남호 교수를 중심으로 「춘천멀티미디어밸리조성계획」을 작성하고 정보산업을 '유치'하기 위한 지식 제공자 수준이었다. 물론 그 과정에서 정보산업에 관한 공무원의 마인드 형성에 큰 도움이 되었던 것은 사실이다.

이후 본격적인 협력관계가 구축되면서 이 모임은 공식적인 조직을 세우면서 그 위상을 높여 간다. 시민협의회 구성을 주도하는 한편, 강원대 특성화 사업단(정보통신분야)을 유치하여 중앙정부차원의 지원을 확보한다. 비공식적 조직의 공식화가 협력관계 수립단계까지의 변화라면 산업 육성기는 민간주도의 산업화를 위한 역할 조정 단계라 할 수 있다. 산업 육성기에 들어서면서 특성화 사업단과 시민협의회로 조직되었던 교수 추진단이 네 개의 민간 협의회로 이행한다.

춘천시 당국과 이들 교수그룹은 관(官) 주도의 산업화에 한계가 있음을 공유하고 기존의 시민협의회를 분화하여 네 개의 협의체로 구성하는 데 합의한다. 인터넷방송협의회, 게임산업진흥협의회, S / W센터협의회, CDS협의회가 약간의 시간 격차를 두고 일제히 문을 열게 되는 것이다. 이들 협의회는 각각의 분야에서 보다 전문적인 산업 육성전략을 수립하고 민간으로 주도권을 이양하려는 목적을 가지고 있다.

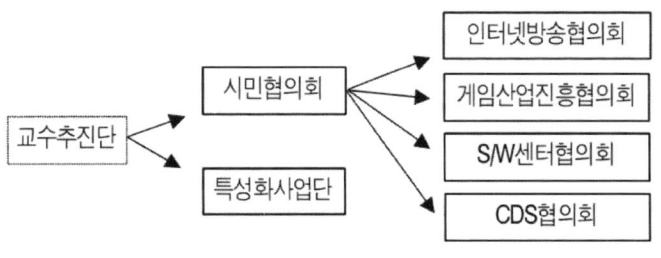

〈그림-16〉 교수 추진단의 변화

이해 반해 생물산업의 경우 그 역사가 짧은 만큼 외양상으로는 더딘 모습이다. 생물벤처연구회라는 비공식적 모임이 생물벤처산업 육성연구회라는 공식적인 조직으로 확대 개편한 것이 유일하다. 이는 아직 생물산업의 세부분야별 육성전략이 마련되지 않은 이유에서이다.

조직이 그 역할과 기능을 바꾼다는 것은 단순히 조직의 이름이 바뀌는 것을 의미하지 않는다. 역할의 변화는 계획과정상에서 차지하는 위치의 변화, 즉 계획주체와 교환하는 지식·정보의 내용이 달라짐을 말한다. 산업 유치단계에 중앙정부의 지원을 확보하기 위해 지역을 포장하는 데에 필요한 정보를 제공했다면, 협력관계 수립단계에서는 산업 육성에 필요한 인맥지(know-who)를, 육성 단계에서는 필요한 장비의 종류나 입주업체 심사에 필요한 전문적 지식30)을 제공하게 된다. 따라서 위에서 제시한 조직의 변화를 보다 종합적으로 이해할 필요가 있다.

(2) 계획주체와 결절 간 호혜성과 상호의존

호혜성과 상호의존이라는 것은 그 자체로 질적 범주이므로 쉽게 단정할 수 있는 것은 아니다. 하지만 권한규칙의 공식성과 그것의 관행적 쓰임새, 사업 추진과정에서 나타나는 비공식적 합의, 목표의식의 공유 등을 통하여 유추해 볼 수는 있다. 본 연구에서는 각 단계에서 계획주체와 결절 간의 관계를 해설할 수 있는 자료를 바탕으로 분석을 진행하였다.

이미 각 단계의 분석과정에서 느러났듯이 산입화 초기부디 호혜적이고 상호의존적인 관계가 강하게 형성되어 있다. 처음의 비공식적 연계는 말할 것도 없거니와 공식적 협력이 이루어지는 중에도 비공식적 의사소통과 합의를 기반으로 한 결정작성 과정은 상존하고 있다. 또한 공식적 협의구조에서 권한규칙은 산업화의 전 과정을 통틀어 찾아볼 수 없다.

다음의 면접 내용은 호혜성과 상호의존성이 산업화 과정 전체를

---

30) 전통적인 의미에서 기술확산의 과정은 신기술을 체화한 기계류, 장비, 부품이 생산과정에 도입·전파되는 과정이다(OECD, 1992: 72). 따라서 장비의 구매나 이를 사용하는 업체의 심사는 지역사회로 도입할 기술의 선별 채택이라 할 만하다. <그림-2>에서 혁신적 아이디어와 사업을 통한 지식의 채택과 혁신 프로세스가 제시되어 있는데, 이를 춘천지역의 경우 적용하여 본다면 계획 환경을 통해 조직화된 지식자원이 기술적 지식의 도입에 영향을 주고 있는 셈이다. 기술경제학의 관점에서 볼 때에도 기술의 확산에 영향을 주는 기존 기술체계의 성격, 즉 기존 기술의 적용성과 호환성이 중요함을 상기시키는 대목이다.

148

관통하고 있다는 압축적인 진술로 보인다.

> "어떤 방식으로 만나냐구요? 형식적으로 어떤 기구를 통하기보다는
> 수시로 만나는 거죠. 그냥 전화하고 찾아가요. 직접 물어보는 거죠. 영상
> 산업 쪽도 그렇겠지만 사업 초창기부터 함께 일해 오다 보니 개인적인
> 유대감 같은 게 강해요. 기업 쪽도 마찬가지죠. 보시다시피 저희 생물산
> 업과는 밴처타운 내에 있잖아요. 기업체 대표자들이랑 간담회를 자주 가
> 져요. 뭐 그런 식이죠." (춘천시 생물산업지원과 담당자와의 면접 中)

지속적인 연계의 형성은 결절 간 상호적응을 원활히 하였고, 목
표에 대한 강한 공감대를 만들어낼 수 있었다. 결론적으로 계획주
체와 주요 결절들은 비공식적 의사소통을 지속적으로 유지하였고,
이는 공식적 기구의 기민한 변화에 밑바탕이 되었다.

제3절 소 결

본 장에서는 춘천시의 신산업화 전략을 개괄하고 각 단계에서
제도수준별 변화를 네트워크의 틀로 해석하였다. 그리고 네트워크
의 결절 증가, 결절의 네트워크 재생산, 계획주체와 결절의 능동적
역할 재정립, 계획주체와 결절 간 호혜성과 상호의존을 종합적으
로 분석하였다.

그 결과를 보자면 네트워크의 결절 증가와 결절의 네트워크 재
생산은 확연하게 드러나고 있다. <그림-12>, <그림-13>, <그림
-14>, <그림-15>는 그 변화의 양상을 보여 주고 있다. 이는 신
산업화 전략을 수립하기 이전에 잠재적 지식자원으로 존재하던 대

학과 교수그룹이, 실제 계획과정의 결절로 참여하여 공식화하고 조직을 확장하는 것으로 해석할 수 있다. 즉, 사회적 수준의 지식 자원이 조직수준의 제도로 전환하여 조직체계적 수준의 상호작용 을 이루고 있는 셈이다. 그리고 관계자원이 지속적으로 확장되고 있는 것이라면 동원역량의 향상을 추론해 볼 수 있다. 또한 결절 의 역할 재정립이나 호혜성과 상호의존의 면에서도 지속적인 관계 의 수립이 순조로운 상호적응의 과정을 형성하고 있음을 확인할 수 있다.

이것이 제도적 역량의 형성과정을 요약한 것이라면 춘천시에서 확인할 수 있는 과정상의 특징을 살펴볼 필요가 있다. 신산업화 초기부터 현재까지 형태와 역할을 바꾸며 계획과정의 핵심주체로 자리하고 있는 결절로는 교수 추진단과 생물벤처연구회를 꼽아볼 수 있다. 이 두 결설은 계획주체와의 관계를 지속하며 비공식적·상시적인 만남을 관행화하고 있다. 따라서 정보산업과 생물산업 추진에 관한 전문적 지식자원의 결합은 성공적이라 볼 수 있다.

문제가 되는 것은 육성 산업부문의 기업과 여기에 고용된 지역 의 노동자이다. 산업체의 경우 1999년 이후 협의체를 구성하여 계 획과정에 참여하고 있지만 성장단계상 성숙하지 못한 기업체들이 대부분이라 대규모의 고용을 창출하지 못하고 있고 숙련과 기술학 습을 통한 지역사회의 잠재적 결절 증가도 현재로서는 불투명하다. 하지만 정보산업과 생물산업이 매우 높은 기술수준을 요하는 산업 부문이고, 기술의 복잡한 상호작용을 요하는 것이라는 점을 생각한 다면, 지금의 상황에 근거하여 예단하기는 힘들다. 특히 최근의 전 략에서 지역사회에서 배출되는 인력의 재교육을 새로운 목표로 내 세우고, 이를 위한 계획을 수립하고자 하는 움직임이 구체화되고 있는 형편이므로, 보다 장기적인 안목에서 이해할 필요가 있다.

춘천시 신산업화에서 형성되어 온 제도적 역량의 특성은 다음과
같이 정리할 수 있다.

첫째, 신산업화 전략의 초기 계획과정에서 형성되는 관계자원의
형태는 제도적 역량의 유량을 조직화하는 것에 해당한다.
구체적으로 보아 교수 추진단과 생물벤처연구회로 대표되
는 지역사회의 지식자원을 긴박하게 조직화해 나가는 한
편, 중앙정부에 대한 로비능력을 위해 지역 외부에서 당장
취할 수 있는 자원과 연계하고 있다. 특히 후자의 경우
시민협의회의 형태로 지역 내외의 정·관계 인사들이 결
집하는 모습을 보여 주고 있다.

둘째, 일련의 계획과정을 통해 교수 추진단과 생물벤처연구회 등
의 전문가 그룹이 안정적인 결절로 자리잡고 신산업화의
각 단계에 요구되는 새로운 결절을 조직화해 가고 있다.
이는 그간 누적된 관계자원이 지역사회의 잠재적 결절을
포섭하여 새로운 관계자원을 구축하는 형태에 다름 아니
다. 즉, 조직적·조직체계적 수준의 제도가 사회적 수준의
잠재적 결절과 상호 작용하여 나름의 지식자원을 생성하고
이를 새로운 관계자원으로 구축하는 셈이다. 하지만 정보
산업과 생물산업이라는 산업적 특성상 아직까지 사회적 수
준의 잠재적 결절이 증가하는 것을 확인하기는 힘들다.

셋째, 5년여의 산업화 과정을 거치며 제도적 역량 형성의 경로
가 만들어지고 있음을 확인할 수 있었다. 춘천시 사례의
경우 교수그룹의 참여가 현재의 과정을 끌어내었다고 해
도 과언이 아니다. 강원대 교수 추진단이나 생물벤처연구
회와 같은 전문가들의 지식이 적재적소에 배치되었고, 이

것이 전략 추진의 주요한 자원이 되었음은 이미 확인한 바 있다. 또한 춘천시 정부의 강한 추진력도 빠뜨릴 수 없는 요인이다. 춘천시 정부가 교수그룹의 아이디어를 적극 채택하고 발 빠르게 추진해 왔던 것도 부인할 수 없는 사실이다. 이후의 산업화 진행에서 형성되는 관계자원의 핵심에 춘천시 지방정부와 교수그룹이 자리하는 것은 당연한 결과라 볼 수 있다. 따라서 춘천시 신산업화 전략에서 형성되는 제도적 역량의 경로는 지방정부 중심·전문가 그룹 중심의 경로라 규정할 수 있다.

요컨대 춘천시 신산업화 전략에서 이루어진 일련의 계획과정은 정보산업과 생물산업 육성을 위한 제도적 역량을 형성해 온 것으로 평가할 수 있다. 계획주체가 연계하는 성보 출처가 지속직으로 확장하고 있으며 관계의 안정성을 확보하고 있는 것을 확인할 수 있다. 이는 새로운 산업을 육성하는 데에 필요한 기술적 지식과 기업지원의 방법지(know-how)를 제도적으로 누적하는 것과 같다.

또한 각 단계에서 형성된 관계자원이 다음 단계로 이행하면서 새로운 관계자원 형성의 매개가 되고 있음을 확인할 수 있었다. 이는 제도적 역량의 동적 특성을 여실히 반영하는 것으로 제도적 역량의 유량을 관계자원으로 획득하여 다음 계획과정의 저량으로 삼고 있는 모습이다.

하지만 계획과정과 지역사회, 조직수준과 사회적 수준의 상호작용은 일방향적인 소통으로 제한되어 있는 것이 지금까지의 과정에서 살필 수 있는 한계라 할 수 있다. 계획주체와 안정적 관계를 형성하고 있는 결절들의 현황을 보자면, 전문적 지식을 보유한 전문가 그룹에 국한되어 있는 형편이다. 이들이 조직수준, 조직체계

수준의 제도 변화에 기여한 바는 사실이나, 온전한 제도적 역량 형성을 위해서는 다른 주체의 참여를 유도해야 할 것이다.

다음으로 춘천시 신산업화 전략에서 제도적 역량이 역할한 바는 다음과 같이 요약할 수 있다.

첫째, 제도적 역량이 가지는 누적적 속성은 제도적 역량의 형성을 가능하게 하였다. 일단 구축된 제도적 역량은 다음 단계로 진행하는 과정에서 제도적 역량을 일신하는 자산이 되고 있는 셈이다.

둘째, 신산업이 도입되면서 발생하는 충격을 흡수·변형시키고 있음을 확인하였다. 이는 기왕의 기술궤적에 상당한 방향 전환을 일으키는데, 춘천시 사례에서는 제조업 부문과 연구·교육부문 간의 연계를 형성시키는 것으로 나타났다. 춘천지역의 경우 워낙 제조업 기반이 취약한 탓에 산·학 간 협력관계가 거의 존재하지 않는 형편이었다. 하지만 신산업화 전략이 추진되고 제도적 역량이 형성되면서, 기업유치·육성과 산·학 연계를 동시에 추진하는 형태로 전환하게 된다.

이상의 논의를 토대로 춘천시 신산업화 전략에서 제도적 역량 분석을 통해 제기할 수 있는 정책은 다음과 같다.

첫째, 계획과정의 핵심적 행위자들이 제도적 역량의 형성 경로를 명확히 인식해야 할 것이다. 산업 육성단계의 네트워크 형태 분석에서 지식문화산업국의 중심성 강화를 경계한 바 있다. 또한 제도적 역량 형성이 시작되는 시기부터 지금까지 전문가 그룹 중심의 관계자원으로 일관하고 있다는 것도 문제삼은 바 있다. 지역사회에 신산업을 배제하기 위해 제도적 역량의 강화가 필요하다는 주장은, 여러 이해당사자들이 참여하고 다양한 장소적 지식을 교환한다는 전제가 성립할 때라야 타당하다. 따라서 춘천지역의 신산업화를 내생적 발전의 동력으로 전환되기 위해서는 현재의 경로를 수정하기 위한 노력이 필요하다.

둘째, 춘천시 제도적 역량 형성의 경로를 변경하기 위해서는 지역주민들과의 연계를 형성하고 강화해야 한다. 현재의 모습을 보건대 지역사회와의 연계 역시 대학을 통하여 이루어지는 경향이 강하다. 다시 말해 지역사회와의 접촉면이 대학의 구성원들에 한정되어 있는 형편이다. 물론 시민협의회나 정보산업관련 협의회를 통한 연계의 형성이 가능하지만, 제한적인 수준에서 이루어지고 있다. 비록 산업 특성상 제품의 시장이 지역사회에 형성되는 것이 아니라 하더라도, 지역사회차원의 상호학습을 배제한 기업유치는 지속성을 가지기 어렵다는 점을 인식해야 할 것이다.

제5장
결 론

제1절 연구의 요약

본 연구는 제도적 역량의 형성 가능성, 즉 그 동태적 특성에 초점을 두고 실제 계획과정을 통하여 그것이 형성되는 과정을 추적하고자 하였다. 구체적인 연구의 목적을 요약해 보자면 다음과 같다.

첫째, 이미 지역경제학이나 사회학 분야에서 개념적으로 쓰이고 있는 제도적 역량이 의미하는 것이 무엇인지 밝혀내고 이를 분석하기 위한 개념 틀을 정립하고자 하였다. 여기에는 두 가지 문제가 있는데, 하나는 제도적 역량의 실체가 무엇인지를 알기 어렵다는 것이고, 다른 하나는 이것에 대한 결정론적 시간을 벗어나기 위한 방편을 찾아야 한다는 점이다. 이 두 문제는 제도적 역량, 혹은 제도적 밀집이라는 개념이 서구의 성공적인 사례지역을 분석하는 과정에서 특징적으로 도출한 것이기 때문에 발생한다. 즉, 어떤 지역의 경제 발전에 있어 주요한 요인이 무엇이었는지를 역추적해 가는 과정에서 밝혀진 것이기 때문에 근본적으로 정태적일 수밖에 없는 것이다. 따라서 한국의 지역사회를 제도적 역량이라는 측면에서 분석하기 위해서는 다소 기술적인(descriptive) 관찰 틀이 필요했다.

둘째, 제도적 역량을 실제로 분석하여 사례지역에서 발견할 수 있는 역량의 실 내용이 무엇인지를 살펴보고, 신산업화 전략의 수립과 집행에서 어떤 역할을 하고 있는지 알아보려 했다. 제도적 역량을 동태적으로 보고 그 형성을 쫓는다는 것은 이미 여러 지역마다 그 내용과 과정이 다르다는 것을 전제로 한다. 따라서 한국의 중소도시 춘천에서 형성되고 있는 제도적 역량을 검토하고 그 내용을 가려보는 것이 필요하다. 또한 제도적 역량이 누적적으로 형성된다는 이론적 명제를 실제로 확인해 볼 필요가 있는 것이다.

셋째, 사례에서 나타나는 제도적 역량의 형성패턴을 정리하여 향후 지역산업화 전략에 관한 정책적 시사점을 제공하고자 했다. 이는 본 연구의 범위상 분명한 결론에 도달하기는 힘든 부분일 수도 있다. 기본적으로 '산업화 전략에 관한' 시사점을 제공하기 위해서는 사례지역의 사회적 수준에 관한 혁신체계 연구가 병행되어야 한다. 또한 여타 도시들과의 비교를 통해 제도적 역량 형성의 패턴상 특징이 규명되어야 한다. 하지만 춘천시 사례가 여타 다른 도시의 벤치마킹 대상이 되고 있다는 점에서 단순한 사업 모방이 만능일 수 없다는 점을 지적할 수는 있다. 즉, 일련의 계획과정상에서 확인할 수 있는 제도적 역량의 누적적 형성패턴은 지역 고유의 것임을 제기할 수 있다. 또한 춘천지역의 경우 일반적으로 논할 수 있는 혁신의 요건에 비추어 현재의 상황을 이해할 수 있는 자료가 될 수 있다.

이를 위해 본 연구에서 제도적 역량을 동태적으로 규명하기 위한 이론적 작업을 진행하였다. 주로 지역의 학습과 혁신에 관한 논의를 살펴보았는데 이는 지역의 경제 발전이라는 틀에서 제도적 요소를 추출하기 위함이었다. 다음으로 추출된 제도적 요소를 제도수준별로 나누어 보고 결정론적 시각은 주로 사회적 수준의 제도를, 가능론적 시각은 조직·조직체계수준에 초점을 두고 있는바, 본 연구에서는 조직수준과 조직체계수준의 제도를 주된 분석 수준으로 삼았다. 따라서 지방정부에서 진행되는 일련의 계획과정에서 계획주체를 둘러싼 정보 제공 조직과 그들 간 연계를 살피는 것으로 분석의 틀을 구성할 수 있었다.

본 연구에서는 제도적 역량의 세 차원을 검토하여 관계자원을 분석의 차원으로 삼고 있다. 본래 지식자원, 관계자원, 동원역량이라는 제도적 역량의 세 차원은 각자 독립적인 영역을 확보하는 것이 아니라 긴밀한 상호작용하에 맞물려 있다. 이 중 어느 하나를 보아도 나머지 두 차원을 추론해 낼 수 있는 논리적 연관을 가지고 있는 셈이다. 하지만 매 시기의 상태를 가시적 형태로 확인하는 데에 가장 유용한 차원이 관계자원의 측면으로 이를 채택하였다. 그리고 관계자원의 추체로 네트워크를 설정하여 그 양적 팽창과 질적 변화를 통하여 관계자원의 형성, 즉 제도적 역량의 형성을 가늠하고자 했다.

사례 연구는 크게 두 단계로 구성하고 있는데, 첫 번째 단계는 사례지역의 기술궤적을 밝혀 기왕의 지식자원이 무엇인지 도출해 내는 과정이고, 다음 단계는 네트워크로 파악하는 관계자원의 형성을 보는 것이다.

기술궤적의 경우 1995년까지 춘천시의 산업구조 분석을 통해 개괄하고 강세를 보이는 산업부문을 도출하였다. 그 결과 영세한 규모의 소수 제조업체와 풍부한 교육·행정 서비스 부문이 대조적으로 공존하는 모양새를 가지고 있었다. 다음으로 교육·행정 서비스업과 제조업 부문 간 협력관계를 살펴보았는데 그 수준이 매우 낮아 서로에 대한 시너지 효과를 산출하지 못하고 있었다. 결국 춘천시는 제조업 자체의 기반이 매우 낮은 상태를 지속해 왔고 여타 부문과의 협력관계가 형성되지 않아 지역 생산기술의 축적수준이 미약한 것으로 나타났다.

기술궤적 분석이 신산업화 전략 초기 춘천지역의 잠재적 지식자원을 확인한 것이라면, 신산업화 전략이 추진되면서 잠재적 지식자원이 실제 지식자원으로 동원되는 양상은 관계자원 분석을 통해 확인할 수 있었다. 관계자원 분석은 춘천 신산업화 전략을 세 가지 단계로 구분하여 조직수준과 조직체계수준에서 일어나는 제도변화를 살피는 것으로 시작했다. 각각의 단계를 보자면 중앙정부의 투자유치단계, 지방정부와 대학의 협력관계 수립단계 산업·육성단계로서 계획과정을 둘러싼 네트워크의 변화를 명확히 할 수 있도록 구분했다. 여기서 조직수준의 제도는 지방정부, 기업, 상업적 결사체, 금융제도, 대학, 연구 및 혁신센터, 그 외 자발적 결사체들을 말한다. 또한 조직체계수준의 제도란 조직 간 네트워크나 협력을 위한 상호작용, 그리고 통치구조와 연합을 뜻한다. 조직수준의 제도와 조직체계수준의 제도 변화는 네트워크의 결절과 결절 간 상호작용을 나타내는 것으로 이해할 수 있는데, 각 단계별 변화를 도해한 것이 <그림-12>, <그림-13>, <그림-14>이다.

본 연구에서는 결절의 증가, 결절의 네트워크 재생산, 계획주체와 결절의 능동적 역할 재정립, 계획주체와 결절 간 호혜성과 상호의존성을 네트워크 분석의 지표로 삼아 관계자원의 형성, 즉 제도적 역량의 형성을 평가하고 있다. 분석 결과 <그림-15>와 같이 계획주체와 연계되는 결절의 수가 증가하고 그 결절을 중심으로 한 네트워크가 형성됨을 확인할 수 있었다. 이러한 팽창을 뒷받침하는 연계의 질에서도 계획주체와 결절의 역할 재정립이 분명하였고 호혜성이나 상호의존성의 측면에서도 긍정적인 평가를 내릴 수 있다.

분석의 결과를 요약해 보자면 다음과 같다.

첫째, 신산업화 전략의 초기 계획과정에서 형성되는 관계자원의 형태는 제도적 역량의 유량을 조직화하는 것에 해당한다. 구체적으로 보아 교수 추진단과 생물벤처연구회로 대표되는 지역사회의 지식자원을 긴박하게 조직해 나가는 한편, 중앙정부에 대한 로비능력을 위해 지역 외부에서 당장 취할 수 있는 자원과 연계하고 있다. 특히 후자의 경우 시민협의회의 형태로 지역 내외의 정·관계 인사들이 결집하는 모습을 보여 주고 있다.

둘째, 일련의 계획과정을 통해 교수 추진단과 생물벤처연구회 등 전문가 그룹이 안정적인 결절로 자리잡고 신산업화의 각 단계에 요구되는 새로운 결절을 조직화해 가고 있다. 이는 그간 누적된 관계자원이 지역사회의 잠재적 결절을 포섭하여 새로운 관계자원을 구축하는 형태에 다름 아니다. 즉, 조직적·조직체계적 수준의 제도가 사회적 잠재적 결절과 상호 작용하여 나름의 지식자원을 생성하고 이를 새로운 관계자원으로 구축하는 셈이다. 하지만 정보산업과 생물산업이라는 산업적 특성상 아직까지 사회적 수준의 잠재적 결절이 증가하는 것을 확인하기는 힘들다.

요컨대 춘천시 신산업화 전략의 계획과정은 시 정부를 비롯한 여러 결절들로 구성되는 제도적 역량을 형성하고 있다는 결론을 내릴 수 있다. 계획주체가 연계하는 정보 출처가 지속적으로 확장하고 있으며 관계의 안정성이 제고되고 있음을 확인할 수 있다. 그 패턴에 있어서 전문가 그룹을 중심으로 관계자원이 누적하고 있는데, 이는 정보산업이나 생물산업이 높은 수준의 지식을 필요로 하는데다 사업 추진 기간이 5년여에 불과해 발생하는 현상으로 보인다. 하지만 여기서 형성되고 있는 제도적 역량 역시 누적적인 바, 일단 경로를 형성하고 있다면 앞으로의 형성방향이 이 결론에 구속될 가능성을 배제할 수 없다.

제 2 절 연구의 의의 및 한계

본 연구는 제도적 역량이라는 이론적 명제에 기초하여 춘천시 신산업화 육성전략을 분석하는 해석적 사례 연구이다. 구체적으로는 제도적 역량을 분석하기 위한 개념 틀을 구성하고 사례지역의 제도적 역량이 구축되어 가는 과정을 밝히고자 했다. 이러한 분석은 제도적 역량을 형성할 수 있다는 가능론(可能論)의 입장에서 국내 중소도시의 제도적 역량 형성패턴을 진단하려는 시도라 할 수 있다.

애초에 본 연구는 현재 중소도시에서 벌어지는 각종 산업화 전략에 대한 비판적 인식에서 시작하였다. 과거 30여 년간의 개발과정에서 그 혜택을 받지 못했다는 지역사회의 주관적 인식은 민선 지방자치단체장들로 하여금 지역을 상품화하게 만드는 원인으로 작용하였다. 여기에 중앙정부가 지방정부를 상대로 실시한 각종 시책들은 지역사회를 들뜨게 만들기에 충분한 것이었다. 본래 지방화라는 것이 지역의 장래를 결정하는 권력을 지역사회의 다양한 주체들로 귀속시키는 것이라면, 각자의 장소성에 걸맞은 계획을 세워 내야 함이 당연하다. 하지만 현실의 모습은 첨단산업, 지식정보산업, 생물산업을 육성하겠다는 계획들로 일관하고 있다. 그 계획도 공장부지 조성, 세제 혜택, 입주기업에 대한 자금 지원, 정보통신 기반시설 구축 등 성공 지역의 정책사례에서 도입하겠다는 것이 대부분이다. 분명한 것은 외부 업체를 얼마나 유치하느냐로 신산업화 성패를 가늠할 수 없다는 점이다. 기업에 편의를 제공하여 지역에 잠시 머무르게 하는 것으로는 지역의 발전을 담보할 수 없을 뿐더러, 지역 간 경쟁의 압박만을 가중시킬 뿐이다.

본 연구에서는 문제 해결의 열쇠로 제도적 역량에 주목하고 있다. 제도적 역량은 다른 지역에서 쉽게 베껴 올 수 없는 장소적 특성을 개념화한 것으로 행위자들의 작용을 중시하는 동적인 개념이다. 이는 이미 주어져 변할 수 없는 것이 아니라 변화, 형성될 수 있음을 의미한다. 그럼에도 장소적일 수 있는 이유는 지역사회 고유의 지식과 행위자들 간 연계가 중요한 차원을 이루기 때문이다. 따라서 제도적 역량의 형성은 동태적 과정임에도 불구하고 장소 특수한 속성을 동시에 가질 수 있다.

이러한 맥락에서 볼 때 연구의 의의는 다음과 같다.

첫째, 지역경제 발전에서 제도적 역량의 형성과 그 역할을 분석하기 위한 개념들을 구성하였다는 점에서 의의를 갖는다. 계획과정 내의 행위자 간 관계를 토대로 제도적 역량을 분석하는 연구는 다수 존재했으나, 지역경제체계수준에서 직접 제도적 역량을 분석할 만한 개념 틀을 찾아보기가

힘들다. 본 연구는 지역경제 발전의 맥락에서 제도적 역량
이 형성되는 과정을 분석한 것으로 제도적 역량 연구의
범위를 확장하고 있다.

둘째, 본 연구는 춘천지역에 대한 사례 분석을 통해 제도적 역
량의 형성이라는 이론적 명제를 확인해 볼 수 있었다. 제
도적 역량과 같이 지역사회의 제도에 관한 많은 논의들은
크게 결정론과 가능론으로 나누어 볼 수 있다. 제도적 역
량을 과거로부터 소여된 자산으로 여기고 이 자산에 따라
경제적 성과가 차별적이라 보는 입장이 결정론이라면, 제
도적 역량이 지역마다 다른 성질을 가지지만 인위적 형성
의 가능성도 있다는 것이 가능론이다. 본 연구는 가능론
의 입장에서 이론적 명제를 도출하였고 사례 지역의 분석
을 통해 그 타당성을 확인할 수 있었다.

한편, 본 연구를 통해 지방산업화 정책에 제시할 수 있는 과제
는 다음과 같다.

첫째, 지방도시 산업화에 관계한 정책담당자들은 산업화 과정에
따른 제도적 역량 형성을 새로이 인식할 필요가 있다. 본
연구에서 드러나듯이 제도적 역량은 의도적인 행위의 산
물이 아니라 협력과 소통의 부산물로 나타나고 있다. 즉
지역사회 행위주체들이 제도적 역량을 의식하여 계획의
방향을 결정하지는 않았다고 볼 수 있다. 하지만 의도하지
않은 결과가 실제 산업전략 추진의 중요한 열쇠가 되고
있었다. 따라서 앞으로의 계획과정에서는 제도적 역량에
대한 인식을 분명히 하고, 산업정책 수립의 제도 설계

(design)에 적극 반영해야 할 것이다.

둘째, 제도적 역량 형성은 누적적인 성격을 가지게 되므로, 그 형성의 경로를 지속적으로 성찰할 필요가 있다. 춘천의 경우 지방정부 중심, 전문가 그룹 중심의 제도적 역량이 형성되고 있어 지역주민과의 연계가 필요한 것으로 나타났다. 이처럼 제도적 역량 형성의 경로가 일단 형성되고 나면, 고착(lock-in)이 발생할 수 있으므로 참여 주체들의 자기 성찰이 지속적으로 이루어져야 할 것이다.

셋째, 지방산업화에 대한 중앙정부의 투자에 있어 기존의 방식에 대한 재고가 필요하다. 현재는 지방정부에서 제출한 계획안을 평가하여 지원 여부를 결정하고 있고, 지원의 내용도 자금 지원 수준에 머무르고 있다. 하지만 지역사회의 제도적 역량에 관한 인식이 가능하다면, 다른 방식의 지원도 가능할 것이다. 이를 중앙정부와 지방정부 간 관계의 측면에서 해석한다면 새로운 업무 분담체계를 도입하는 것과 같다. 중앙정부에서 자금을 대고 지방정부가 실행한다는 단순한 분담이 아니라 지역의 제도적 역량에 따라 분담의 내용이 달라질 수 있는 것이다. 비록 외부적 개입이 제도적 역량 형성에 직접적인 영향을 가져오기는 힘들다 하더라도 지역 주체들에 다른 방식의 기회를 열어 줄 수는 있을 것이다.

다음으로 본 연구의 한계는 다음과 같다.

첫째, 본 연구에서는 제도적 역량 형성과정을 분석하기 위하여 두 가지 수준의 제도들을 대상으로 하였다. 다시 말해, 각 제도수준에서 나타나는 변화를 네트워크의 결절과 연계로 치환하여 개념 틀에 도입하고 있다. 하지만 층을 나누어 수준별로 분석하는 것만으로는, 각 결절과 연계의 구체적인 역할을 범주화하기에 무리가 있었다. 각 수준에서 일어나는 변화의 양상을 전체적으로 기술할 수는 있었으나, 보다 체계적인 논의로 진전하지 못한 셈이다.

둘째, 본 연구는 산업화에 관련한 제도적 역량 분석을 목적하였으나, 기술 혁신과정에 작동하는 제도적 영향을 포착하지 못하고 있다. 이러한 경향은 기술궤적을 규정하는 데에서도 나타나는데, 구체적인 기술수준으로 접근하지 못하고 큰 범주의 산업부문에서 그치고 있다. 장비심의위원회에 관한 분석을 통하여 언뜻 내비치기는 하였으나 체계적이지는 못하였다.

셋째, 본 연구는 단일지역 사례 분석이 가지는 근본적 한계를 내재하고 있다. 하나의 사례를 통하여 한국 중소도시의 신산업화 전반을 평가하기는 어려운 노릇이다. 또한 사례지역의 특수성과 보편성을 가려내는 것도 다른 지역과의 비교가 있을 때 가능한 일이다. 따라서 본 연구는 제도적 역량의 형성이 가능하다는 결론에는 이를 수 있지만, 제도적 역량 형성의 한국적 패턴을 규명하기에는 무리가 있다.

이상의 한계를 넘어서기 위한 연구의 과제를 요약하면 다음과 같다.

첫째, 제도적 역량을 분석하기 위한 개념들의 정교화 작업이 필요하다. 앞서 지적한 개념 틀상의 한계를 극복하기 위해서는, 제도적 수준을 다시 범주화할 수 있는 새로운 차원을 구성해야 할 것이다.

둘째, 지역에서 이루어지는 기술 혁신과정을 미시적으로 들여다 보고, 여기에 제도적 역량이 기능하는 바를 고찰할 필요가 있다. 제도적 역량이 기술궤적의 변화에 영향을 주는 방식을 온전히 구성하기 위해서는 본 연구에서의 산업구조 분석과 함께 미시적인 기술 혁신과정 고찰이 필요하다.

셋째, 여러 지역에 대한 비교분석이 필요하다. 여러 지역의 비교분석은 산업부문에 따라, 지역에 따라 어떠한 차이를 보이는지를 제시할 수 있을 것이다. 아울러 산업부문에 따른 기술 혁신의 특성과 제도적 역량의 상합관계를 따져 본다면 한국 신산업화 전략에서 제도적 역량의 역할을 정리할 수 있다. 따라서 다른 지역의 사례 분석이 지속적으로 이루어진다면 한국 중소도시의 제도적 역량 형성의 보편성과 특수성을 따져 볼 수 있을 것이다.

참고문헌

** 국내서적

강원도, 1995, 『강원도사』.

강원개발연구원, 1995 『21세기 춘천비전과 개발전략』.

강현수, 1995, 『유연성 이론의 비판적 검토와 서울 의류산업의 유연화에 대한 연구』, 서울대학교 박사학위논문.

국토개발연구원, 1996, 『국토 50년: 21세기를 향한 회고와 전망』.

권태준 외, 1999, 『도시・지역과 산업』, 서울대학교 출판부.

김광선, 2000, 『동대문시장지역의 학습지역화에 관한 연구: 패션의류산업 집적지를 사례로』, 서울대학교 석사학위논문.

김두환, 2000, 『사회적 학습과정으로서 협력적 계획모형의 적용: 합의회의를 사례로』, 서울대학교 석사학위논문.

김렬, 1999, 『사회과학 조사방법론: 정책연구의 원리』, 박영사.

김용학, 1992, 『사회구조와 행위』, 도서출판 나남.

김형국, 1983, 『국토개발의 이론 연구』, 박영사.

남원석, 2001, 『지방정부와의 협력을 통한 주민운동조직의 권능강화(empowerment)에 관한 연구: 서울지역 주민운동조직을 사례로』, 서울대학교 석사학위논문.

대외경제정책연구원, 1994, 『WTO출범과 신교역질서』.

대한상공회의소, 1995, 『세계화시대의 산업입지정책 방향과 과제』.

박삼옥, 1999, 『현대경제지리학』, 아르케.

박은태 편, 1978, 『현대 경제학 사전』, 경연사.

박용관, 1999, 『네트워크론』, 커뮤니케이션북스.

박인호, 1985, 『지방발전정책론』, 집문당.

산업자원부 · 한국산업기술평가원, 1999, 『생물산업 분야의 국내외 기술동향
　　　및 비전』.

산업정책연구원, 1999, 『한국의 국제 경쟁력과 10대 도시의 지역경쟁력 연
　　　구총서: 춘천지역산업경쟁력 분석』.

성경륭 외, 1997, 『지방자치와 지역발전』, 서울: 민음사.

송위진 · 김석관 · 박범순, 2000, 『선진국 생물산업 혁신체제의 구조변화에
　　　관한 연구』, 과학기술정책연구원.

안태환, 1996, 『전략 계획의 관점에서 본 한국도시계획체제의 문제점과 개
　　　선방향에 관한 연구』, 서울대학교 박사학위논문.

오숙희, 1996, 『지역경제활성화를 위한 지역사회의 역할』, 서울대학교 석사
　　　학위논문.

유동운, 2000, 『경제진화론』, 선학사.

유재윤 · 조판기, 1996, 『도시경쟁력 비교분석에 관한 연구』, 국토개발연구원.

이공래 · 심상완, 1999, 『시업의 기술협약과 네트워크』, 과학기술정책연구원.

임정덕 · 최병호, 1996, 『지방화시대의 지역산업정책: 패러다임 변화속의 지
　　　역의 역할과 기능』, 비봉출판사.

정병순, 2000, 『지역경제체계의 위기에 대응하는 지방통치체제의 작동양식
　　　에 관한 연구』, 서울대학교 박사학위논문.

정영태, 2001, 『휴전선 접경지역정책 네트워크에 관한 연구: ‘접경지역 지원
　　　법’ 입법과정을 중심으로』, 서울대학교 박사학위논문.

조희연, 1998, 『한국의 국가 · 민주주의 · 정책변동』, 당대.

최송락, 2001, 『지역혁신을 위한 지방화 정책에 대한 연구』, 서울대학교 석
　　　사학위논문.

한림대 사회조사연구소, 1991, 『춘천리포트: 지방자치와 전환의 모색』, 나남.

한상영, 1999, 『일본 퍼스널 컴퓨터 산업의 역동성과 부동성: 연결망의 결
　　　속과 배제』, 연세대학교 박사학위논문.

황병천, 1997, 『도시성장력 평가에 관한 연구 - 도시 성장기반을 중심으로』,
　　　한국지방행정연구원.

** 국내논문

강명구, 2000, 「정부와 NGO 관계: 국가와 시민사회의 상호강화를 위한 비
     교론적 검토」, 한국 행정학회 2000년도 기획세미나 발표논문.
(http://kapa.dongeui.ac.kr/gallary/2000/2000fall/정부&NGO.htm)
강현수, 1999, 「유연적 생산체제와 지역변화」, 권태준 외, 「도시·지역과 산
     업」, 서울대학교 출판부.
고경민, 1998, 「세계화·지방화 시대의 지역발전」, 동아시아연구논문 9권 1
     호, 제주대학교 동아시아 연구소, pp.115~140.
권태준, 1998, 「경제의 세계화에 대응한 정치의 지방화」, 한국공간환경학회
     엮음, 『현대 도시이론의 전환』, 한울아카데미.
김정수, 1999, 「한국 정보통신 정책레짐의 제도적 변화와 리더십」, 고려대학
     교 정부학연구소, 『정부학연구 제5권 2호』, 서울: 나남출판, pp.75~101.
김영정, 1997, 「한국 지역발전의 실태비교」, 성경룡 외, 1997.
김인, 1992, 「우리나라 중소도시의 기능과 도시체계분석 및 육성방안에 관
     한 연구」, 『국토계획』, 제27호 제3호, pp.47~78.
김형국, 1991, 「미래산업의 선택에 영향을 미칠 국토와 환경의 제약」, 서울
     대학교 환경대학원, 『환경논총』, 제20권.
문홍빈, 2000, 「임파워먼트를 위한 지역사회조직 사례 연구」, 『도시연구』,
     제6호, 2000, pp.131~147.
박원석, 1997, 「국제규범에 따른 지역 개발정책의 방향」, 삼성경제연구소
     Issue Paper.
소진광, 1999, 「지역경제 성장의 주기적 특성」, 권태준 외(1999), pp.67~100.
염재호, 1994, 「국가정책과 신제도주의」, 『사회비평』, 제11호, 서울: 나남출
     판, pp.10~33.
유상엽·심종섭, 1991, 「춘천권 제조기업의 실태분석 및 성장전략」, 경영과
     학연구 15, 강원대, pp.35~71.
임희섭, 1994, 「한국사회의 지방화와 국제화의 정책적 전망」, 한국사회학회
     엮음, 『국제화시대의 한국사회와 지방화』, 서울: 나남출판, pp.431~448.
정병순, 1995, 「기업가적 정부와 미시적 공간개발의 정치」, 한국공간환경학회 엮
     음, 『세계화시대 일상공간과 생활정치』, 도서출판 대윤, pp.295~347.

정지성, 1993, 「우리나라 중소도시의 성장요인에 관한 이론적 연구」, 『사회과학연구』, 성결교신학대학교 사회과학연구소, pp.83~105.

조현수, 1996, 「도시성장과 산업구조의 관계」, 『죽전 김동현교수 회갑기념 논문집』, 평택대학교 종합연구소.

최영신, 1999, 「질적자료수집: 생애사 연구사례를 중심으로」, 『교육 인류학 연구』, 제2권 제2호, 한국교육인류학회, pp.1~22.

** 외국서적

Amin, A., Thrift, N., 1995, "Globalization, Institutional thickness and the Local Economy", in Healey et al(eds), *Managing Cities*. London: John Wiley & Sons.

Amsden, A., 1989, *Asia's Next Giant: South Korea and Late Industrialization*, London: Oxford University.

Berger, P. L., & Luckmann, T., 1967, *The Social Construction of Reality*, NY: Doubleday Anchor.

Bryson, J.M., *Strategic Planning for Public and Nonprofit Organization*, San Francisco: Jossey-Bass Publisher.

Bryson, J.M., & Crosby, B.C., 1992, *Leadership for the Common Good: Tackling Public Problems in a Shared-Power*, San Francisco: Jossey-Bass Publisher.

Bryson, J.M., & Einswiler, R. C., 1998, *Strategic Planning: Threats and Opportunities for Planners*, Planners Press.

Clark, B.R., 1970, *The Distinctive College: Antioch, Reed and Swarthmore*, Chicago: Aldine.

Commons, J. R., 1924, The Leagal Foundations of Capitalism, Macmillan.

Dobbin, F. R. 1994, *Forging Industrial Policy: The United States, Britain, and France in the Railway Age*, New York: Cambridge Press.

Forester, J., 1993, *Critical Theory, Public Policy and Planning Practice*, Albany: State University of New York Press.

Friedmann, J., 1987, Planning in the Public Domain: From Knowledge to Action: New Jersey: Princeton Univ. Press, (원제무·서충원 옮김, 1991, 『공공분야에서의 계획이론』, 대광문화사)

Friedmann, J., 1992, Empowerment: The Politics of Alternative Development, Oxford: Blackwell.

Friedmann, J., & Weaver, C., 1979, *Territory and Function: the Evolution of Regional Planning*, CA: University of California Press.

Fukuyama, F., 1995, *Trust: the social virtues and the creation of prosperity*, New York: Free Press. (구승회 옮김, 1996, 『트러스트: 사회도덕과 번영의 장소』, 한국경제신문사)

Grabher, G., 1993, *The Embedded Firm: on the Socioeconomics of Industrial Networks*, London and New York, Rotledge.

Healey, P., 1997, Collaborative Planning, UBC Press.

Healey, P., Cameron, S. J. Davoudi, S., Graham, S. and Madani Pour, A. 1995, *Managing Cities: the new urban context*, London: Yale University press.

Krasner, S. D. (ed), 1983, *International Regimes*, Ithaca, NY: Cornell University Press.

Krishna, A., 2000, "Creating and harnessing social capital", in Dasgupa, P. & Serageldin, I.(eds), *Social Capital*, World Bank, pp.71~93.

Locke, R. M., 1995, *Remaking the Italian Economy, Ithaca*: Cornell University Press.

Lofland, J., 1971, *Analyzing Social Settings: A Guide to Qualitative Observation and Analysis*, Belmont, Calif.: Wadsworth.

Lundvall, B-Å., 1992, *National System of Innovation: Towards a Theory of Innovation and Interactive Learning*, Pinter, 1992.

Massey, D., 1984, *Spacial division of Labour: Social Structure and the Geography of Production*, London: Macmillan.

May, T., 1993, *Social Research: Issues, Methods and Process*, Open University Press.

Mitchell, J. C.(ed.), 1969, *Social Networks in Urban Situations*, Manchester University Press.

Neutze, G. M., 1965, *Economic Policy and the Size of Cities*, Kelly.

North, D. C. & Thomas, R. P., 1973, *The Rise of the Western World: A New Economic History*, UK: Cambridge University Press.

North, D. C. 1990, *Institutions, Institutional Changes and Economic Performance*, Cambridge: Cambridge University Press.

OECD, 1982, *Biotechnology: Institutional Trends and Perspectives.*

OECD, 1992, *Economics of Science and Technology*, OECD. (기술과 진화의 경제학 연구회 역, 1994, 『과학과 기술의 경제학』, 경문사)

Porter, M. E., 1998, *On competition*, Boston: Harvard Business School Pub. (김경묵·김연성 옮김, 2001, 『경쟁론』, 세종연구원.)

Powell, W. W., Dimaggio, P. J.(eds), 1991, *The new institutionalism in organizational analysis*, University of Chicago Press.

Putnam, R., 1993, *Making Democracy Work: Civic Traditions in Modern Italy*, Princeton University Press: Princeton, New Jersey.

Rhodes, R. A. W., 1997, *Understanding governance*, Buckingham: Open University Press.

Scott, W. R., 1969, *Speech Acts: An Essay in the Philosophy of Langage*, UK: Cambridge University Press.

Selznick, P., 1949, *TVA and the Grass Roots*, Berkeley: University of California Press.

Skocpol, T., 1979, *States and Social Revolutions*, UK: Cambridge University Press.

Storper, M. & Walker, R. 1989, T*he Capitalist Imperative: Territory, Technology, and industrial Growth*, Oxford: Blackwell.

Thompson, G., Frances, J. Levacic, R. & Mitchell, J. (eds), 1991, *Markets Hierarchies and Networks: The Co-ordination of Social Life*, London: Sage.

Thompson, W., 1965, *A Preface to Urban Economics*, Baltimore: Johns Hopkins University Press.

Wade, R. 1990, *Governing the Market*, Princeton: Princeton University Press.

Weiss, L. & Hobson, J. M., 1995, *States and Economic Development: A*

Comparative Historical Analysis, Polity Press.

Williamson, O. E., 1975, M*arkets and Hierarchies: Analysis and Antitrust implication*, New York: Free Press.

Williamson, O. E., 1985, The Economic Institutions of Capitalism, New York: Macmillan.

Yin, R. K. 1984, *Case Study Research: Design and Methods,* Sage Publication.

✻ ✻ 외국논문

Albornez, M. and Elina E. M. 1998, "What Do We Mean by Networking? Selected Latin American Experience in Cooperation", UNCTAD(ed.), *New Approaches to science and Technology Cooperation and Capacity Building,* ATAS, pp.98~126.

Alnoso. W., 1970, "The Economics of Urban Size", Berkeley: Institute of Urban & Regional Development, UCB, Working Paper No.138.

Amdem, J., 2000, "Confidence Building in Local Planning and Development: some experience from Norway", *European Planning Studies,* Vol 8, Abingdon, pp.581~600.

Barnett, W. P. & Carroll, G. R., 1993, "How Institutional Constraints Affected Organization of Early U. S. Telephony", *Journal of Law, Economics and Organization* 9, pp.98~126.

Burt, R. S., 1992, "The Social Structure of Competition", in Nohria, N & Eccles, R. G.(eds), *Networks and Organization: Structure, Form, and Action,* Boston, Massachusetts: Harvard Business School Press.

Camagni, R., Rabellotti, R., 1997, "Footwear Production System in Italy: A dynamic Comparative Analysis", in Ratti, et al. (eds), *The Dynamics of Innovative Regions: The GREMI Approach,* pp.139~163.

Campbell J. L., & Lindberg, L. N., 1990, "Property Rights and the Organization of Economic Activity by the State.", *American Sociological Review,* 55, pp.634~679.

Clark, C., 1945, "The Economic Function of a City in Relation to its Size", *Econometrics, vol.*13. pp.97~113.

Coleman, J. S. 1988, "Social Capital in the Creation of Human Capital", *American Journal of Sociology* 94, pp.95~120.

Cooke, P., Uranga, M. G. & Etxebarria, G. 1997, "Regional Innovation System: Institutional and Organizational Dimensions", *Research Policy* 26, pp.475~491.

Cooke, P., Uranga, M. G. & Morgan K., 1998, The Associational Economy: Firms, Regions, and Innovation, Oxford Univ. Press.

Dalum, B., Fagerberg, J., & J∮rgensen, U., 1988, "Small Open Economies in the World Market for Electronics: The Case of the Nordic Countries", in Freeman C., and Lundvall, B-Á, (eds), *Small Countries Facing the Technological Revolution,* London and New York, Printer Publisher.

Dimaggio, P. J., 1991, "Constructing an Organizational Field as a Professional Projects: U. S. Arty Museums, 1920-1940" in Powell, W. W., Dimaggio, W. J.(eds), *The New Institutionalism in Organizational Analysis*, Chicago: University of Chicago Press. pp.267~292.

Evans, P., 1996, "Government Action, Social Capital and Development: Reviewing the Evidence on Synergy", *World Development* 24(6), pp.1119~1132.

Ghiara, H., Cristoforetti, G., 2001, "Institutional Capacity and Area-Based Process of Urban Regeneration", EURA 2001 Conference 발표논문.

Harrison, B. 1992, "Industrial districts: old wine in new bottles?", *Regional Studies,* 26. pp.469~483.

Harvey, D. 1989, "From Managerialism To Entrepreneurialism: The transformation in urban governance in late capitalism", *Geografiska Annaler* 71 B(1), pp.3~17.

Healey, P. 1996, "Collaborative approaches to urban planning and their contribution to institutional capacity-building in urban regions", Paper for conference on Paradigm Shift in Urban Studies, Seoul City University, Seoul.

Healey, P. 1998, "Building institutional capacity through collaborative approaches to urban planning", Environment and Planning A vol.30, pp.1531~1546.

Healey, P., Magalhaes, C. D. & Madanipour, A., 1999, "Institutional capacity-building, Urban planning and urban regeneration projects.", FUTURA(Journal of the Finnish Society for Futures Studies)(3).

Hill, C.T., 1979, "Technological Innovation: Agent of Growth and Change", *Technological Innovation for a Dynamic Economy*, pp.21~36.

Hodgson, G., 1989, "Institutional rigidities and economic growth", *Cambridge Journal of Economics 13*.

Innes, J, m, 1995, "Planning Theory's Emerging Paradigm: Communicative Action and Interactive Practice.", *Journal of Planning Education and Research 14*, pp.183~190.

Jessop, B., Sum, N. L, 2000, "An Entrepreneurial City in Action: Hongkong's Emerging Strategies in and for (inter) Urban competition" Urban Studies, vol.37, No.12, pp.2287~2313.

Johnson, B., 1992, "Institutional Learning" in Lundvall, B-Å(ed.), *National Systems of Innovation, Pinter Press*, pp.23~44.

Jones, C., Hesterly, W. S., Borgatti, S. P. 1997, "A General Theory of Network Theory of Network Governance: Exchange Conditions and Social Mechanism", Academy of Management Review, 22(4), pp.911~945.

Lam, W. F., 1996, "Institutional Design of Public Agencies and Coproduction: A Study of Irrigation Associations in Taiwan", *World Envelopment* 24(6), pp.1039~1054.

Lundvall, B-Å., 1996, "The Social Diemension of The Learning Economy", *DRUID working paper* no.1~96.

Magnusson, L., Ottosson, J., 1997, Evolutionary Economics and Path Dependence, Edward Elgar.

Maillat, D. & Grosjean, N., 1999, "Globalisation and Territorial Production System", in Manfred, M. F., Suarez-Villa, L., Steiner, M.(eds), *Innovation, Network, and Localities, Springer.* pp.56~60.

Maillat, D. & Kebir, L., 1998, "The Learning Region and Territorial Production System", *IRER Working paper No.9802b.*

Mansfield, E., 1971, "Contribution of Research and Development to Economic Growth of United States", Research and Development and Economic Growth / Productivity, NSF 72-303, A Colloquium Proceeding, pp.21~36.

Margerum, R. D. & Born, S. M., 2000, "A Co-ordination Diagnostic for Improving Integrated Environmental Management", *Journal of Environmental Planning and Management, vol.43(1),* pp.5~21.

Martin, R., 2000, "Institutional Approaches in Economic Geography", Shepard, E. &Barnes, T. J.(eds), *A Companion to Economic Geography,* Blackwell Publishers.

Maskell. P., Malmberg, A., 1999, "Localised learning and industrial competitiveness", *Cambridge Journal of Economics,* Vol.23.

Meyer, J. W., 1994, "Rationalized Environments, in Scott, W. R. & Meyer, J. W.(eds), *Institutional Environments and Organizations: Structural Complexity ad Individualism ,*Thousand Oak, CA: Sage., pp.28~54.

Mezias, S. J., 1990, "An Institutional Model of Organizational Practice: Financial Reporting at the Fortune 200" *Administrative Science Quarterly* 35, pp.431~357.

Mitchell, J. C., 1973, "Networks Norms and Institutions" in Boissevain, J. and Mitchell, J. C.(eds), *Network Analysis, Studies in Human Interaction,* The Hague: Mouton, pp.2~35.

Nelson, R. R. & Winter, S., 1977, "In Search of a useful Theory of Innovation", *Research Policy* vol.6, No.1.

Nelson, R. R. & Rosenberg, N., 1993, "Technical innovation and nationals systems" in Nelson, R. R(eds). *National Innovation Systems: a comparative analysis,* New York: Oxford University Press.

Nelson, R. R. & Sampat, B. N., 2001, "Making sense of institutions as a factor shaping economic performance", *Journal of Economic Behavior & Organization, vol.44,* pp.31~54.

North, D. C., 1991, "Institutions" *Journal of Economic Perspectives,* 97~111.

Ostrom, E., 1994, "Constituting Social Capital and Collective Action" *Journal of Theoretical Politics* 6(4), pp.527~562.

Parnons, 1953, "A revised analytical approach to the theory of social stratification", in Bendix R. & Lipset, S. M. (eds), Class, Status and Power: *A Reader in Social Stratification*, Glencoe, IL: Free Press, pp.92~129.

Pavitt, K. & Patel, P., 1988, "The International Distribution and Determinants of Technological Activities", *Oxford Review of Economic Policy*, vol.4, No.4.

Schmitter, P., 1990, "Sectors in Modern Capitalism: Models of Governance and Variations in Performance.", in Brunetta, R. & Houndmills, C. D.(eds), *Labour Relations and Economic Performance,* England: macmillan.

Schneider, M., Teske, P., Marschall, M., Mintrom, M. & Roch, C., 1997, "Institutional Arrangements and the Creation of Social Capital: The Effects of Public School Choice.", *American Political Science Review* 91(1). pp.82~93.

Sheplse, L. & Weingast, B., 1987, "The Institutional Foundations of Committee Power", *American Political Science Review* 81, pp.85~104.

Skogseid, I. & Jansen, A., 2000, "Surfing the waves-Rural enterprise meets the Network Society", 미발표 논문, (http://iris24.ifi.uib.no/proceedings/printed-paper/140-059-Skogseid-printed.pdf)

Storper, M., 1997, "The Regional World: Territorial development in a global economy" in Lee, R. & Wills, J. (eds), *Geographies of Economies,* pp.248~257.

Veblen, T. B., 1898, "Why is Economics Not an Evolutionary Science?", *Quarterly Journal of Economics 12*, pp.235~245.

Warner, M., 1999, "Social capital construction and the role of the local state", *College Station,* sep 1999.

Zimmerman, D., 1969, "Fact as a Practical Accomplishment", in Turner, R.(ed), *Ethnomethodology*, Middlesex, UK: Penguin.

178

＊＊ 기 타

강원좋은엔젤클럽, 2001, 「강원좋은엔젤클럽 운영개요」.

엣센스국어사전 3판, 1991, 민중서림

춘천멀티미디어파크 추진시민협의회, 1996, 「춘천멀티미디어파크추진시민협
    의회운영계획」.

춘천시 통계연보.

춘천시, 1996a, 『춘천백년사』, 강원도민일보사.

춘천시, 1996b, 『춘천시 기업유치대책수립에 관한 연구: 최종보고서』.

춘천시, 1998, 『생물산업벤처기업지원기반구축사업』.

춘천시, 2000a, 『벤처기업육성촉진지구 지정요청서』.

춘천시, 2000b, 『벤처기업육성촉진지구 지정요청서 부속자료 I 』.

춘천시, 2000c, 『벤처기업육성촉진지구 지정요청서 부속자료 II 』.

춘천시, 2001a, 『춘천 Bio 산업 추진현황』.

춘천시, 2001b, 『춘천 Bio 산업 육성전략』.

춘천시, 2001c, 『21C 춘천의 Vision-IT산업』.

춘천시, 2001d, 『춘천시의 정책과 발전방향: 지식기반산업을 중심으로』.

부 록

● 부록 1. 지방대학특성화 사업 지원 참여확인서, 춘천시의 통보문서

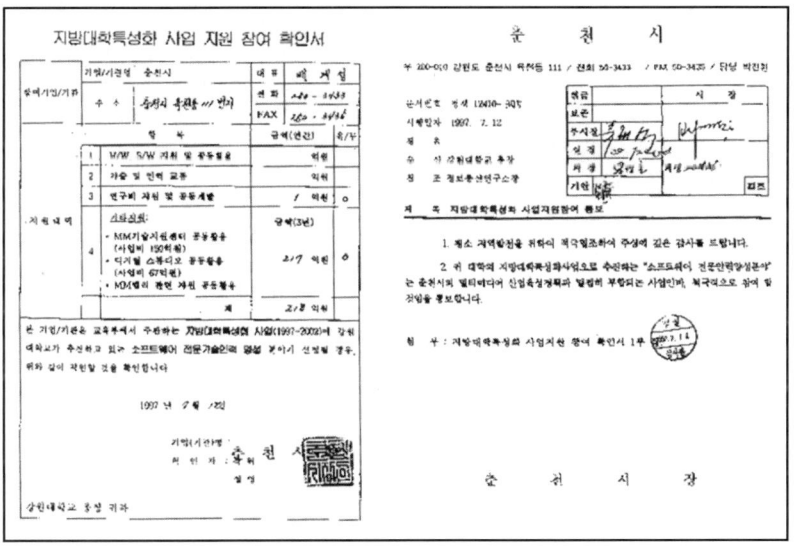

● 부록 2. 장비선정 심의위원 위촉

"소양강의 거적을 세계로!"
춘 천 시

참고 · 직접전달

☒200-708 춘천시 옥천동 111번지 춘천시청 / ☎ 0361-250-3433~4 / FAX ☒ 0361-250-3435
미래산업담당관 전주수 미래산업총괄담당 김동현 담당자 이규일 smile291@mail.chunchonkangwon.kr

문서번호	미래 12410-253	보존기한	년	사	장
시행일자	1999. 10. 13(년)	공개여부	비공개		
(경 유)	(제1안)	부서장			
수 신	내부결제	실 장	전 결		
참 조		담당관	34	미래산업총괄담당	
		기 안	★이규일		협조
		심사전		심사일	1999. 10. 13.

제 목   장비선정 심의위원 위촉 (멀티미디어기술지원센터)

　　　　　1. 미래 12410-725('99.10.2) 멀티미디어기술지원센터 장비선정 심의위원 추천의
뢰 관련입니다.

　　　　　2. 위 호에 의거 「멀티미디어기술지원센터」 장비선정 심의위원회 위원을 아
래와 같이 위촉하고자 합니다.

- 아 · 래 -

구 분	소 속	직 위	성 명	주민등록번호	비 고
계			9 명		
산(2)	㈜CDS정보통신	대표이사	유지대	621022-1260712	추 천
	비플라이소프트㈜	대표이사	임검환	691120-1320913	추 천
학(4)	강원대학교	부교수	이철회	590704-1109218	기관추천
		전자계산소장	최형규	620310-1462537	기관추천
	한림대학교	조교수	최흥식	660130-1260814	기관추천
	한림정보산업대학	부교수	김명수	561020-1260422	기관추천
관(2)	춘천시	정보통신담당관	권봉주	530606-1329210	지 정
		미래산업담당관	전주수	550124-1332811	지 정
연(1)	㈜한국게임종합지원센터	기술지원팀장	나문성	630913-1558910	기관추천

따로붙임 : 승낙서 및 심의위원 인적사항 각 1부. 끝.

● 부록 3. 장비선정 심의위원 구성

□ 심의위원 구성(안)
  ○ 인원 - 5명
    - 産(1) : 춘천입주 디지털애니메이션 제작업체 대표
    - 學(2) : 강원대(정보통신연구소), 한림대(공과대학),
              세종대(만화영상과)
    - 專門(1) : 한국S/W 진흥원,
    - 官(1) : 춘천시지식문화산업국장, 영상산업지원과장
  ○ 구성(안)

구 분	소 속	직위 (직책)	성 명	주민등록 번 호	관련분야	비 고
産 (1)	(주)에니텐	대표이사	이계홍	610122 -1009829	2D, 3D	
學 (2)	강원대학교 제어계측공학과	소장 (부교수)	최명환	581109 -1058438	멀티미디어	멀티미디어 복화연구센터
	세종대학교 영상만화과	교 수	김세훈	40세	필림, TV	영화진흥공사 장비도입 심위위원
전문 기관 (1)	한국S/W진흥원 제작환경지원팀	팀 장	조유진	690522 -1068217	컴퓨터 그래픽	
官 (1)	춘천시 영상산업지원과	과 장	전주수	550124 -1332811	산기반자금 총괄책임자	

● 부록 4. 2차년도 제1차 장비선정심의위원회 개최결과

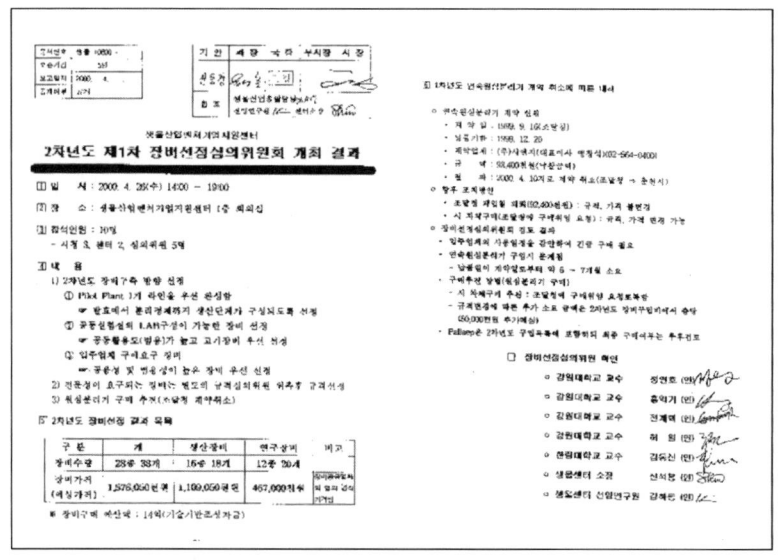

● 부록 5. 춘천시, 강원대학교 간 협약서

협   약   서

춘천시와 강원대학교는 춘천의 애니메이션/게임 산업 발달에 필요한 제반기술의
자립화와 국제경쟁력 제고를 위해 강원대학교 정보통신연구소가 정보통신부의 대
학 S/W 연구센터 ' 지정을 받아 연구를 수행함에 있어 필요한 제반기술의 공동개발
연구 및 상호 협력이 필요하다는 데 인식을 같이 하고 다음의 사항을 협약한다.

1. 협약사항

(1) 춘천시 디지털 스튜디오(CDS), 춘천시 게임 창업지원센터,
   강원대학교 정보통신연구소의 장비 공동 활용

(2) 애니메이션/게임 콘텐츠 저작물 개발을 위한 상호 협조 및 공동연구

(3) CDS 입주자 협의회, 게임진흥협회, 멀티미디어 협의회, 춘천시 및 강원대학
   교의 원소시엄 결성을 통한 상호 협력

(3) 공동연구시 소요 연구비의 대응 투자

(4) 기타 협의에 따른 협의 사항

2. 협약사항의 수행에 필요한 제반 경비는 수혜자 부담을 원칙으로 하며, 공동으
로 필요한 경비는 상호 협의 하에 결정한다.

협약일 : 1999년 6월 9일

기관명 : 춘천시   기관명 : 강원대학교
주 소 : 강원도 춘천시 옥천111   주 소 : 강원도 춘천시 효자동 192-1
시 장 : 배계섭   총 장 : 하서룡

● 부록 6. 장비도입심의위원회 구성 및 개최계획

3차년도 장비목록 결정을 위한

장비도입심의위원회 구성 및 개최계획

○ 산업기술기반조성사업 3차년도 CDS 구축장비를 도입함에 있어
　산·학·연·관 전문가로 심의위원회를 구성하여,

○ 구매장비에 대한 전문적이고 심도있는 심의를 통하여 3차년도
　장비선정 및 효율적인 활용방안과 투자효율성 제고

□ 장비구입 개요

　○ 예산현황

　　- 예산과목 : 산업술기반조성자금 (직접사업비)

　　- 예산내역(총괄)

(단위:천원)

계	인건비	직접사업비	간접사업비	위탁사업비	비고
1,600,000	121,200	1,408,800	30,000	40,000	

　　- 장비구입비 : 1,030백만원(±10%미만 가능) ⇒ 1,133백만원

　○ 구매방향

　　- 최첨단 디지털 영상장비의 구입 설치 운용

　　- CDS추가장비 구축 ⇒ 향후 자립경영을 위한 시스템구축

　　- A/V업체 전용 사용제 확대실시에 따른 소요장비 확보

　　　▷ 입주업체 개별,공용장비확보 ⇒ 업체부담경감 및 경쟁력제고

　　- SAN Solution(신개념 네트워크)로 대용량 처리속도 구축

　○ 추진절차

　　① 도입장비 수요조사(CDS, A/V업체) ⇒ ② 장비목록 작성 ⇒

　　③ 장비도입심의위원회 심의(장비 선정) ⇒ ④ 장비목록 확정 ⇒

　　⑤ 산업기술정책연구소 승인(3천만원이상 변경장비) ⑥ 구입결의

　　⇒ ⑦ 조달요청(조달 물 가시 자체구매)

● 부록 7. 1차년도 개발공동장비 구매계획

생물산업벤처기업 지원기반 조성사업
1차년도 개발공동장비 구매계획

1. 장비구매 계획

○ 개발공동장비의 효율적인 운영과 투자효과를 극대화 할 수 있도록 추진

○ 활용도가 높은 고가의 개발공동장비 구축으로 입주업체의 기술기반조성 및 초기 투자부담 해소

가. 장비구매 기본방향

○ 공동활용도가 높은 고가의 시설·장비 구매

  - 입주업체가 희망하며, 활용도가 높은 범용장비 우선 구매(저가장비 배제)

○ Pilot Plant시설은 발효시설 위주로 우선 설비

○ 연차별 장비구축 계획을 고려하여 우선순위 결정

○ 장비의 성능과 A/S등을 고려하고 우수 시설·장비 구매(가급적 국산구매)

○ 장비선정의 공정성 확보(장비구매관련 입주업체간담회, 장비선정심의위원회)

○ 철저한 검수를 통한 Pilot시설 및 장비의 사용 보장

나. 발주 및 구매계획

1) 총 예산현황

(단위 : 천원)

총사업비	집행액	계	현진액 집행잔액	이자수입
1,600,000	51,648	1,670,820	1,548,352	122,468

● 부록 8. 춘천시 생물산업벤처기업지원센터 운영규정

춘천시 생물산업벤처기업지원센터 운영규정

[제정 2000.7.24 규칙 제 135호]

개정 2001. 1.18 훈령 제 140호

제6조(입주선정심의위원회) ①지원센터 입주신청자에 대한 입주여부를 심의하기 위하여 입주선정심의위원회를 둔다.

②입주선정심의위원은 생물산업 분야 및 창업투자회사의 전문인사 20인 이내로 시장이 위촉하며 위원장은 위원중에서 시장이 임명한다.

③위원의 임기는 2년으로 하되 연임할 수 있다.

④입주선정심의위원은 춘천시가 육성하는 특성화사업 분야별로 위촉하여 운영할 수 있다.

제7조(장비선정심의위원회) ①지원센터에 설비하는 개발공동장비의 조사 · 심의 · 선정을 위하여 장비선정심의위원회를 둔다.

②장비선정심의위원은 생물산업 분야의 각종 장비에 대한 전문가 10인 이내로 시장이 위촉한다.

③위원의 임기는 2년으로 하되 연임할 수 있다.

· 저자 ·

김동완   · 약 력 ·
서울대학교 자연과학대학 물리학과 졸업
서울대학교 환경대학원 도시계획학 석사
동 대학원 박사 수료
서울시정개발연구원 연구원
현) 한국지방행정연구원 연구원
현) 협성대학교 강사

· 주요논저 ·
「중소도시 신산업화 전략에서 제도적 역량의 형성과 그 역할에 관한 연구」
「유비쿼터스 공간구현의 도시계획적 모색」
외 다수

중소도시의
산업 재구조화와 제도적 역량
: 춘천시의 첨단산업 육성전략과 계획과정

· 초판 인쇄 | 2008년 1월 20일
· 초판 발행 | 2008년 1월 20일

· 지 은 이 | 김동완
· 펴 낸 이 | 채종준
· 펴 낸 곳 | 한국학술정보㈜
경기도 파주시 교하읍 문발리 513-5
파주출판문화정보산업단지
전화 031) 908-3181(대표) · 팩스 031) 908-3189
홈페이지 http://www.kstudy.com
e-mail(출판사업부) publish@kstudy.com
· 등   록 | 제일산-115호(2000. 6. 19)
· 가   격 | 22,000원

ISBN   978-89-534-7559-5 93320 (Paper Book)
        978-89-534-7560-1 98320 (e-Book)